中国新

金手指②

资金指标
给出明确的买卖时点

涨势量能 空方决定 跌势量能 多方决定

（第二版）

付 佳/著

经济管理出版社
ECONOMY & MANAGEMENT PUBLISHING HOUSE

图书在版编目（CIP）数据

资金指标给出明确的买卖时点/付佳著. —2版. —北京：经济管理出版社，2016.4
ISBN 978-7-5096-4298-6

Ⅰ.①资…　Ⅱ.①付…　Ⅲ.①股票投资—基本知识　Ⅳ.①F830.91

中国版本图书馆 CIP 数据核字（2016）第 068401 号

组稿编辑：勇　生
责任编辑：勇　生
责任印制：杨国强
责任校对：蒋　方

出版发行：经济管理出版社
　　　　　（北京市海淀区北蜂窝 8 号中雅大厦 A 座 11 层　100038）
网　　址：www. E-mp. com. cn
电　　话：（010）51915602
印　　刷：三河市延风印装有限公司
经　　销：新华书店
开　　本：720mm×1000mm/16
印　　张：12
字　　数：150 千字
版　　次：2016 年 6 月第 2 版　2016 年 6 月第 1 次印刷
书　　号：ISBN 978-7-5096-4298-6
定　　价：38.00 元

前　言

大多数投资者在初次进入股市时，心中都怀着非常美好的愿望，希望自己能在股市中赚得盆满钵满，但现实往往没有这样简单。刚入市时，可能有的投资者凭借运气有所收获，他们也由此认为炒股并不难。但是，因为有些人对炒股基础知识一无所知，对股市风险也毫无意识，所以他们在遇到真正的大风浪时，往往会亏得非常惨。直到这时他们才明白，炒股也要学习，不能单靠意识流定胜败。

本书中讲到的各个资金指标，其作用就是帮助投资者透过指数（价格）涨跌的迷雾，看到其他人在干什么，或者说让投资者能够发现当日成交量中有多少资金流入。这关系到该股在市场中吸引资金关注的能力有多大。

可见，无论是对大盘的走势分析还是个股行情的研判，资金流向的判断都起着至关重要的作用。

其第一点重要性就是：资金流向对股市行情拐点的判断非常重要。相对高点时的大资金是否有出场计划，行情是否会有拐点和转折？相对低点的大资金是否会进场，行情又是否会有拐点和转折？个股是选热点短炒还是坐等大资金扶持，都和资金流向的判断密不可分。

归根到底，股票市场永远是资金与资金的博弈、推动、掌控。所以，把资金分析摆在第一位也是必然的。

因为股价、大盘指数都是由资金来驱动的，所以有不少投资者认

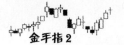

为，不管是行业板块还是个股，大盘资金当然是流入越多越好。他们认为资金流入越多，股票涨得越快，所以有相当多的人是靠资金流入排名来决定买卖哪只股票，单纯地认为只要有资金流入，股价就会涨起来。这些投资者首先从字面上就错误理解了资金流向的意义，资金流向可不只是资金的进场或离场。由此看来，资金流向的判断过程比较复杂，不是简单就能掌握的。

但也不用把这个指标想象的太难。很多人都说炒股难于上青天，但也有不少股民在股市里赚到了钱，尝到了甜头。这些人里既有赔钱的大老板，也有赚钱的废品收购员，所以股市不是洪水猛兽，说容易倒也非常容易。投资者只要肯静下心来搞明白基本理论、基础知识，再加上自身良好的心理素质，赚钱这件在别人眼里并不算简单的事，只需敲敲手指就能轻松搞定。

由于投资者可能会对资金指标的认识比较混乱，所以本书总结了操盘必备的10大资金指标，并分别进行了详细的介绍和举例，力求让投资者能够走出对资金原始认识的误区，从而真正了解这些必不可少的基本概念，让这些知识帮助投资者在实际操作中发挥更大作用。

另外，在炒股过程中，投资者除了要稳扎稳打地学习基础知识、提高技术外，摆正心态也很重要。股市里流传着这样一句话：炒股就是炒心态，赚的是心情，赔的是教训。可见，心态对于炒股盈亏非常重要。

股神巴菲特曾说过："在股市上，寻找那些我们可以跨越的一英尺栅栏，而不是去拥有什么能飞越七英尺的能力。"也就是说，投资者还要注意审时度势。重要的是把握自己能把握的机会，不要放掉可能赢得的苹果，也不要奢望距离太远的葡萄。

总之，投资者可以把股市看成一个娱乐的地方，不要太过注重，但也不能掉以轻心。既要对它时刻保持激情，又要提醒自己摆脱贪念，

学会享受炒股这一过程，而不是只在乎开头与结局，利欲熏心会毁掉任何人。

　　本书在成稿过程中，得到好朋友张利、李现军、丁朋、周滢泓、袁登科、冯少华、郭海平、曹的郡、卓盛丹、陈耀君、刘燕、米晶、陈艳春、戴晓慧、王丹、金丽静、陈鸿等人的协助，在此表示谢意！

　　欢迎读友加入 QQ1627788375 或 QQ 群 248509269 为好友，探讨交流。

目　录

技术分析的基本要素是价量关系，一切技术分析方法都是以价量关系为研究对象的，因而其重要性可想而知。但由于单日成交量会受到各方面因素的影响，而不能准确地反映多空双方力量的真实情况，所以均量线（VOL）的出现以及应用就有其必然性，也更好地弥补了这一方面的不足。

本章我们主要通过 VOL 指标基本知识的介绍，在实战过程中对买卖时机的把握以及在实际操作过程中应注意的事项等来进行分析。下面我们将 VOL 指标的理论知识及实际应用进行介绍和分析。

　　OBV 指标俗称能量潮，又叫累计能量线指标，是由乔·格兰维尔发明的。该指标是将成交量与价格变化联系起来的动量指标。OBV 指标的理论基础主要是认为股价的波动与成交量的扩大或者萎缩有很大的关系，该指标主要是从股市技巧分析四大要素中的"量"这个要素作为研究对象，通过判断量价关系即观察股价与 OBV 曲线运行方向是否一致，从而研判股价的走势，是研判股市成交量的短期技术分析工具。

　　容量比率指标，简称 VR，是一种衡量买卖力量的技术指标。具体来说，VR 指标主要用于个股的分析，是以"量价同步"以及"量须先于价"为理论基础，以成交量的变化来确认高价和低价，从而确定买卖时机的一种技术分析指标。同时，VR 指标还具有反市场操作的功能，以及对超买超卖的研判功能。它的出现，为投资者确定合理及时的买卖时机提供了正确的参考。

　　本章我们对 VR 指标的基本内容进行了详细的介绍，以帮助投资者在变幻莫测的股市中，掌握这种技术分析工具，为其对行情的正确判断提供参考依据。

PVI，英文全称 Positive Volume Index，是正成交量指标的缩写。PVI 指标的主要功能在于对目前市场是处于多头行情还是空头行情进行辨别和判断。并且，PVI 指标可以追踪市场资金流向，识别主力资金是否在进行买进或抛出股票，进而从中得出市场的操作策略。

总的来说，PVI 指标可以帮助股民认清市场到底是归属于大户还是散户。除此之外，股民也可以利用 PVI 指标的交叉信号，作为买卖的依据。

因此，PVI 指标在众多的技术分析指标中，具有其独特独立的一方面。为了帮助更多的投资者了解这种技术分析工具，本章我们将对 PVI 指标的具体内容进行详细介绍。

　　TAPI 指标即加权指数成交值，主要反映的是市场买气的强弱程度以及对未来股价的展望，投资者可以根据每日成交值和指数间的关系预测分析未来股市的走势。TAPI 指标通过运用 TAPI 线和大盘加权指数的运动方向，为投资者提供最佳的买卖时机，是一种短期股市分析技术指标之一。TAPI 指标还可以根据 TAPI 线在高低位的形态表现一定的买卖时机，投资者可以选择合适的股票安全获利。

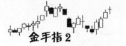

资金指标六　ADR 涨跌比率 ·················· 083

股市是通过多空双方的相互较量来体现其大体走势的，从某种意义上说多空双方这种较量带有一定的盲目性和自由性。有的持股人盲目地追逐高涨股市造成股市超买，有时候持股人又盲目地杀跌造成股市超卖，因此多空双方自发性较量主要表现为严重的超买超卖情况。ADR 指标反映了短期股价变动的高点和低点，根据股票的上涨家数和下跌家数的比值，从而分析了整个股市大盘的超买超卖现象，推断市场多空双方力量的对比，即从一个侧面研判股市超买超卖的时机，为中线操作的重要参考指标。

资金指标七　CR 中间意愿指标

CR 指标，全称为"中间意愿指标"，又可称为"价格动量指标"或"综合人气指标"等。CR 指标是对股价神秘部分做一个预测，解决何时上涨、何时下跌的"何时"问题，具有自己独特的研判功能。

CR 指标既不是以今日的开盘价为多空双方的均衡点，也不是以昨日的收盘价为多空双方的均衡点，而是以昨日的中间价作为多空双方的均衡点，即 CR 指标采用了上一计算周期的中间价。从理论上讲，这一指标在分析一些股价行情的异常波动时，有着比较特殊的作用。

可以说，CR 指标是另辟蹊径，同时也弥补了其他一些指标的不足之处，因而为投资者准确预测股市环境、股价未来的走向趋势和判断买卖股票的最佳时机提供了新的思路。

本章我们就对这种比较特殊的技术指标——CR，进行详细的介绍。

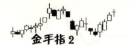
ARBR 指标即人气意愿指标，是由人气指标（AR）和意愿指标（BR）两个指标构成的。AR 指标、BR 指标分别从不同角度对股价进行分析，二者又都是以分析历史股价为

手段的技术指标。AR 主要根据当天的最高价或最低价差价的百分比来分析市场买卖的人气；BR 主要根据当日的最高价、最低价分别与前一日的收盘价的价差的总和的百分比来分析市场买卖意愿的强弱。虽然二者的指向不同，但两个指标同时使用，对研判市场人气以及追踪股市未来走向大有帮助，为投资者提供买卖时机，从而保障投资者的利益。

资金指标一 VOL 成交量

技术分析的基本要素是价量关系，一切技术分析方法都是以价量关系为研究对象的，因而其重要性可想而知。但由于单日成交量会受到各方面因素的影响，而不能准确地反映多空双方力量的真实情况，所以均量线（VOL）的出现以及应用就有其必然性，更好地弥补了这一方面的不足。

本章我们主要通过 VOL 指标基本知识的介绍，在实战过程中对买卖时机的把握以及在实际操作过程中应注意的事项等来进行分析。下面我们将 VOL 指标的理论知识及实际应用进行介绍和分析。

第一节 VOL 指标简介

一、什么是 VOL 指标

VOL 指标也就是投资者们常用的成交量指标，成交量指的就是个股和大盘的成交总手。VOL 成交量是由成交量柱线和三条简单平均线组成，是成交量类指标中最常用和最简单的指标。

　　成交量在形态上用一根立式的柱子表示。左面的坐标值与柱子的横向对应处，就是当时当日的成交总手，如果当天收盘价高于当天均价，成交柱呈红色；反之，成交柱呈绿色。红柱表示当天收盘指数上涨，绿柱则表示当天是下跌的（5，10，20）。分别代表 5 天、10 天、20 天的平均成交量，如图 1-1 所示。

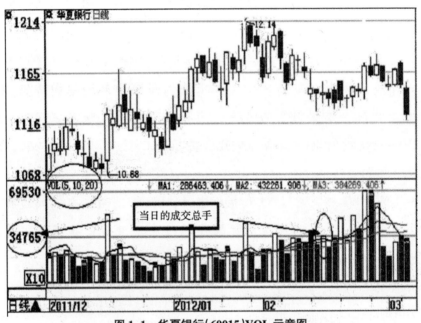

图 1-1　华夏银行(60015)VOL 示意图

二、买盘＋卖盘≠成交量

　　买盘加卖盘为什么不等于成交量？

　　目前沪深交易所指出：买盘和卖盘的揭示，是即时的买盘揭示和卖盘揭示，指的是买价最高前三位揭示和卖价最低前三位揭示。成交后才能纳入成交量，反之则不能。因此，买盘加卖盘之和同成交量没有关系，即买盘＋卖盘≠成交量。

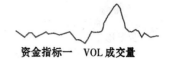

三、基本原理

技术分析的基本要素是价、量，一切技术分析方法都以价、量为研究对象。单日成交量（或单日成交额）常常会受到突发因素的影响，变得无法反映多空力量此时的真实情况。

而均量线指标（VOL）借鉴了移动平均线的原理，很巧妙地弥补了这方面的不足。均量线（VOL）是通过平均一定时期内的成交量的和，在成交量的柱条图中形成的较为平滑的曲线。

均量线（VOL）反映了在一定时期内市场的平均成交情况，在时间参数的选择上没有严格的限制，一般以 10 日作为采样天数，即在10 日平均成交量基础上绘制。如果要反映更长周期的交投趋势，也可以选择 20 日或 30 日作为采样天数。

四、计算方法

VOL 指标反映了当日实际成交量；

OBV 是（前日主买额－主卖差额）+（当日主买额－主卖差额）。

从上市第一天起，逐日累计股票总成交量，若当日收盘价高于昨收，则前 OBV 加当日成交量为当日 OBV，否则减当日成交量为当日 OBV。

用公式可以表现为：

$VOL = \sum nV_i/N$

其中，$i = 1, 2, 3, \cdots, n$；

N = 选定的时间参数，如 10 或 30；

V_i：i 日成交量。

五、运用原则

（1）均量线指标重点在于量、价的配合情况，必须结合价格的变动进行技术分析，判断价格变动是否具备成交量的基础，通常是看价格与均量变动趋向是否一致。

通常，当价格与均量变动两种趋向一致时，表示成交量支持价格的走势，这种走势有望得到延续。比如，在上涨行情初期的时候，均量线如果随着股价的升高而不断创出新高，则表现了现在的市场正在大量聚集人气，未来上涨的行情也将进一步展开，是投资者买入的好时机，如图 1-2 所示。

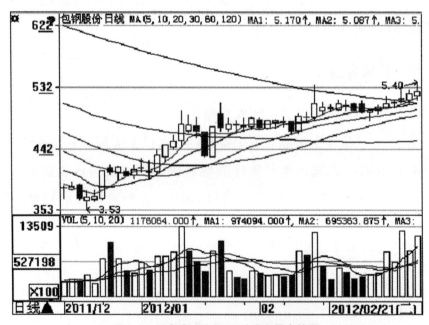

图 1-2 宝钢股份（600010）成交量走势图

而在此后过程中，如果均量线和股价继续保持向上的态势，那么可以继续持有或者追加买入。

当这两种趋向发生背离时，即价格没有得到成交量的支持，股市

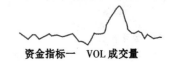

的运行方向可能发生转变。比如，当下跌行情快结束的时候，如果出现了量、价背离，也就是股价仍在下跌，但均量线已经开始走平，甚至出现了上升的趋势，则表示价格可能已经见底，未来行情预示上涨，是逢低买入的良机，如图1-3所示。

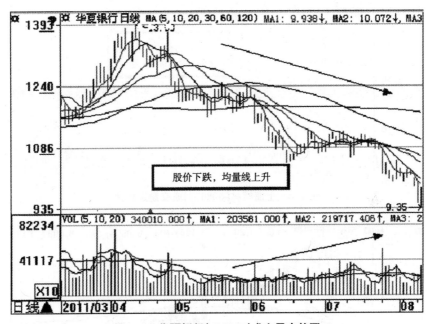

图1-3　华夏银行(600015)成交量走势图

（2）可以设置两条或者多条均量线，然后根据它们的相互位置及交叉情况作为我们判断的标准。

比如，当均量线出现多头排列的时候，即表示未来股价会保持上涨的趋势，投资者可以根据这种趋势开始买入或继续持有，如图1-4所示。

而当均量线形成空头排列时，表示股价保持下跌的趋势，投资者可以出局或持币观望，如图1-5所示。

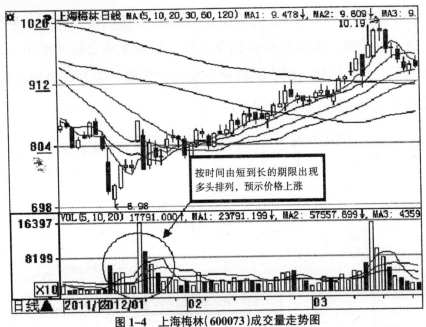

图 1-4　上海梅林（600073）成交量走势图

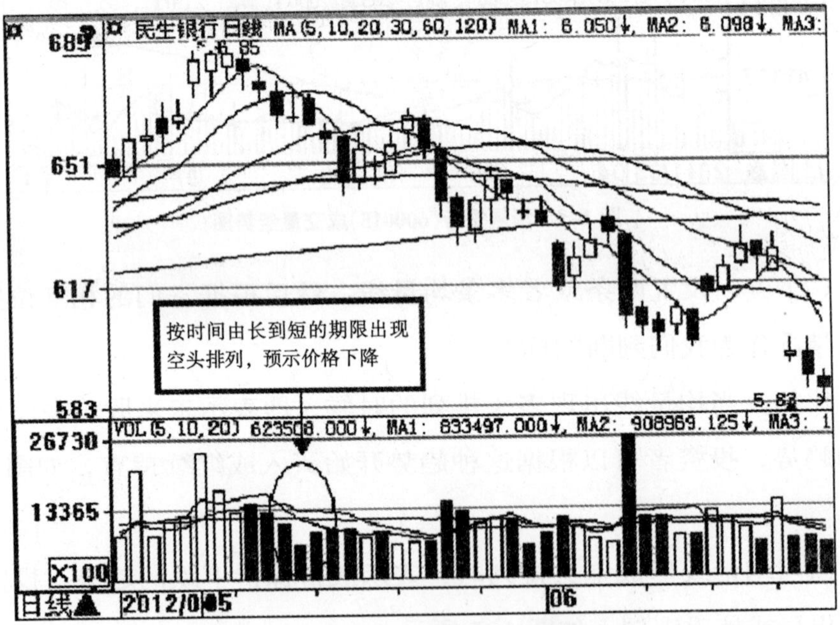

图 1-5　民生银行（600016）成交量走势图

当均量线呈现拐头走势，即由下滑转为上升或由上升转为回落时，则表示可能改变价格的走势。图 1-6 就是一个上升转回落的拐头走势。

配合大阴线的下拐头，对之后股价影响明显

图1-6 东湖高新(600133)成交量走势图

另外，还有金叉、死叉的情况：一旦短期均量线下破长期均量线形成死叉时，将对股价转势下跌进行确认，如图1-7所示。

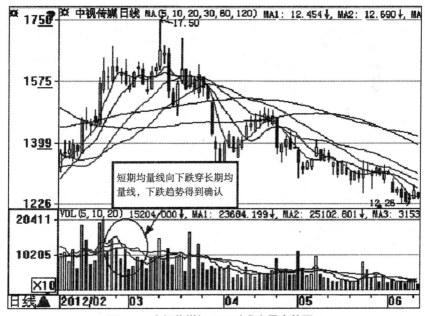

短期均量线向下跌穿长期均量线，下跌趋势得到确认

图1-7 中视传媒(600088)成交量走势图1

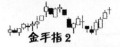

　　反之，一旦短期均量线向上穿破长期均量线形成金叉时，将对股价转势上涨进行确认，如图1-8所示。

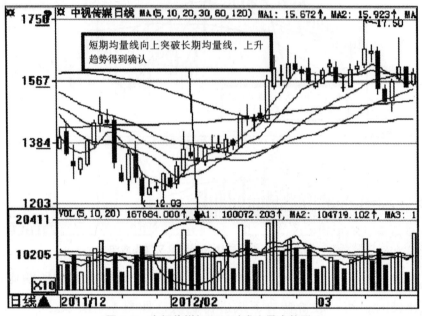

图1-8　中视传媒(600088)成交量走势图2

　　当然，价格也很可能随时回落，甚至发生反转，而条件是10日均量线与30日均量线的乖离率过大。

六、注意事项

　　均量线是一种辅助性指标，尤其是当市场没有明显趋势时，它侧重反映的是阶段性的情况，有一定的滞后性。例如，处于震荡整理阶段的时候，如果不同周期的均量线出现黏合，那么这时形成的金叉或死叉确认突破的可信程度并不高。所以，投资者在研判股市行情的时候要结合成交量及其他一些技术指标。

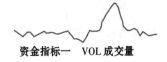

第二节　成交量的五种形态

市场是各方力量相互融合和冲突的综合结果。单看成交量指标，确实会发生结果偏颇甚至被造假的现象。不过，只要散户能够抛开不顾后果的情绪化买卖，对成交量引起足够重视的话，成交量指标依然是最客观、最直接的判断要素之一，对于人们研判股市行情有也很大的作用，我们有必要对其全面掌握。

（1）市场分歧促成成交。所谓成交，就是有买有卖，只有买或者是只有卖是不能成交的。成交必然是一部分人看多后市，另外一部分人看空后市，有分歧又各取所需，这样才会成交。

（2）缩量。缩量一般发生在缓慢上升或缓慢下跌趋势的中期，这时大部分人对市场后期走势十分认同，意见基本一致，导致市场成交极为冷淡。这其中可以分为两种情况：一是投资者们对后市没有信心，这时会造成成交量急剧缩减，只有人卖，却没有人买，如图1-9所示。二是投资者们都对后市的态度不是冷淡，而是看好，出现只有人买，却没有人卖的现象，这时成交量也会出现急剧缩量的现象，如图1-10所示。

总的来说，当遇到缩量问题时，投资者就应卖出手中股票；等到一定程度即放量上攻时再买入。

（3）放量。放量与缩量不同，放量一般发生在市场趋势发生转折的转折点处，市场各方力量对后市分歧逐渐加大，在一部分人坚决看空后市时，另一部分人却看好后市，也就造成了一部分人输，一部分人赢，如图1-11所示。

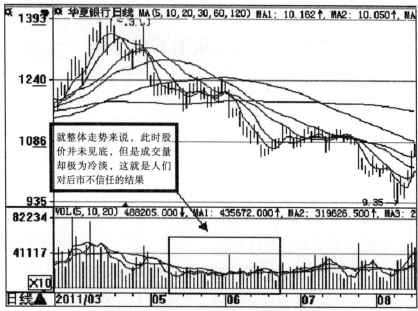

就整体走势来说，此时股价并未见底，但是成交量却极为冷淡，这就是人们对后市不信任的结果

图1-9　华夏银行(600015)成交量缩量示意图

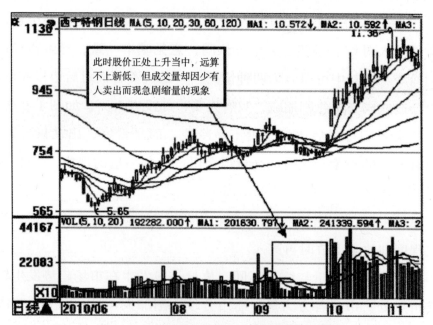

此时股价正处上升当中，远算不上新低，但成交量却因少有人卖出而现急剧缩量的现象

图1-10　西宁特钢(600117)成交量缩量示意图

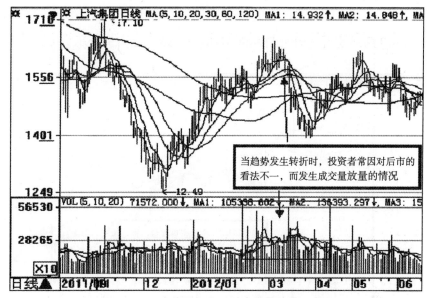

当趋势发生转折时，投资者常因对后市的看法不一，而发生成交量放量的情况

图1-11　上汽集团(600104)成交量放量示意图

（4）堆量。当主力意欲拉升股价时，就会把成交量拉高或拉低，几日或几周以来，成交量缓慢放大，股价慢慢推高，成交量在近期的K线图上，形成了一个状似土堆的形态，堆得越漂亮，就越可能产生大行情，如图1-12所示。

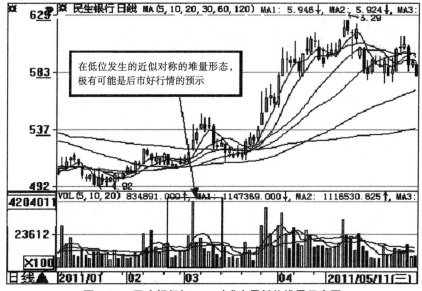

在低位发生的近似对称的堆量形态，极有可能是后市好行情的预示

图1-12　民生银行(600016)成交量低位堆量示意图

相反，在高位的堆量表明股价在大量出货，这种情况下投资者就应退出，否则就会输掉自己的既得利益，如图 1-13 所示。

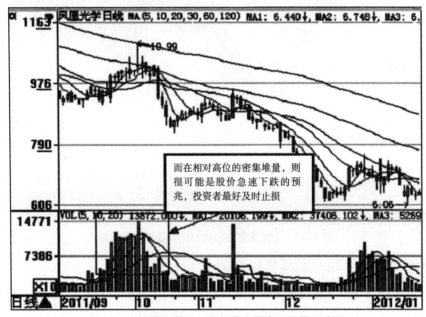

图 1-13 凤凰光学(600071)成交量高位堆量示意图

第三节 成交量的买卖点

买点 1：低位的价量齐升——逢低买入

如图 1-14 所示，2010 年 7~8 月初，凤凰光学（600071）的股价开始向上攀升，此时成交量也呈现向上的趋势，这表明价量同时向上，配合良好，股价上涨趋势明显，并且后市看好，是买入的信号。在这种价量齐升的情况下，投资者就可以逐步逢低买入股票。

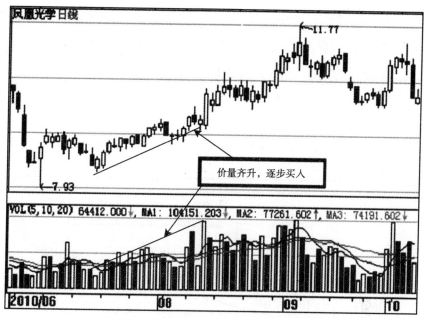

价量齐升，逐步买入

图 1-14 凤凰光学 (600071) VOL 示意图

买点 2：缓慢攀升后开始放量上涨——第一根放量大阳线处买入

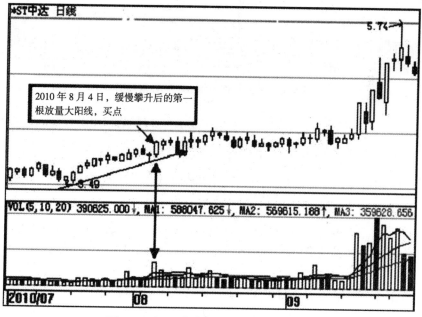

2010 年 8 月 4 日，缓慢攀升后的第一根放量大阳线，买点

图 1-15 *ST 中达 (600074) VOL 示意图

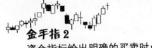
如图 1-15 所示，2010 年的 6~7 月，*ST 中达（600074）的股份一直处于缓慢的向上攀升的过程，但与此同时该股也在积极吸收筹码。8 月 4 日，该股突然放量上涨，这表明该股将要有一个加速上涨的趋势，是买入信号即买点出现，此时投资者可以积极买入股票。

买点 3：股价跌至某个重要支撑位——缩量企稳时买入

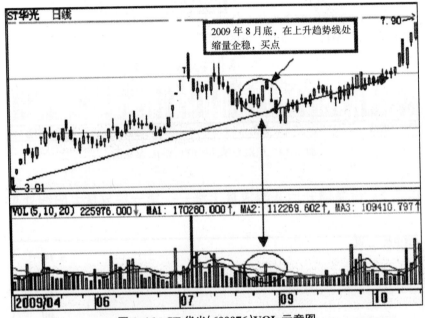

图 1-16   ST 华光(600076)VOL 示意图

如图 1-16 所示，2009 年 4 月开始，ST 华光（600076）的股价一直在不断地上涨，形成明显的上升趋势。2009 年 8 月底该股趋势有所回落，成交量也有所萎缩，这表明该股出现了企稳的现象，此时后市依然看好，买点出现。

买点 4：放量突破重要阻力位——突破日买入

如图 1-17 所示，2010 年 8 月 30 日，人福医药（600079）的股价的放量突破了前期高点的阻力位置，表明了未来短期内股价开始走强，

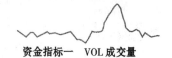

此时就是买点。如果能判断在股价放量突破前期高点的同时价量齐超，这就成为更强的买点。

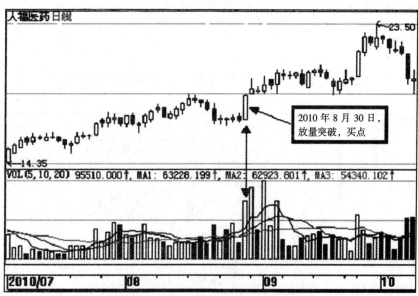

图 1-17 人福医药(600079)VOL 示意图

买点 5：低位的第一根放量大阳线——大阳线处买入

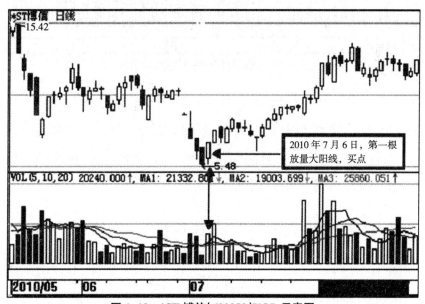

图 1-18 *ST 博信(600083)VOL 示意图

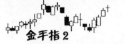

如图 1-18 所示，*ST 博信（600083）在经过近两个月的持续下跌后，2010 年 7 月 6 日，该股股价开始启动，接着收出一根放量大阳线，表明该股价将迎来一波强烈的上涨劲头，此时买点出现，投资者可以积极买入。

买点 6：5 日均量线与股价底背离——价量齐升时买入

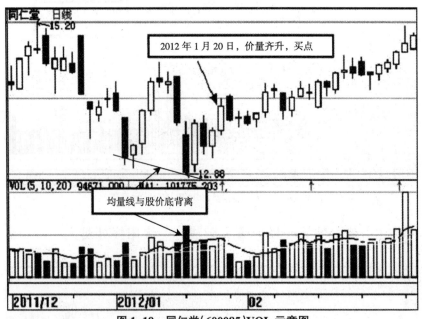

图 1-19　同仁堂（600085）VOL 示意图

如图 1-19 所示，2012 年 1 月 16 日，同仁堂（600085）的股价创出新低，5 日均量线却并没有创出新低，二者形成底背离形态。1 月20 日，该股量价齐升，底背离情况结束，表明该股后市看好，是买入信号，此时投资者可以积极买入。

卖点 1：高位的价跌量增——坚决卖出

如图 1-20 所示，经过大幅上涨之后，2011 年 4 月 18~25 日，ST明科（600091）的股价连续下跌，此时成交量却逐步放大，这两者表

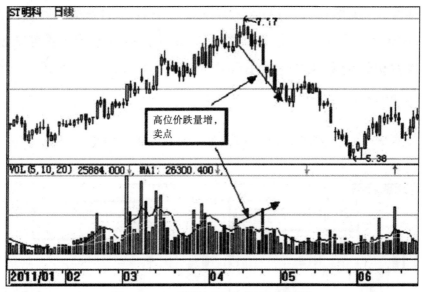

图 1-20 ST 明科(600091)VOL 示意图

现了价跌量增的形态和趋势。当投资者看到这样的情况时，就应及时卖出手中股票。

卖点 2：熊市反弹中突然大幅放量——放量日卖出

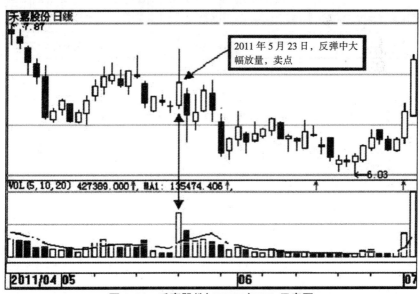

图 1-21 禾嘉股份(600093)VOL 示意图

如图 1-21 所示，2011 年 5 月下旬，经过连续下跌之后，禾嘉股份 (600093) 股价出现反弹的趋势，5 月 23 日，其成交量明显放大，为保险起见，投资者可先卖出部分股票，若后市气势开始走弱，就应当卖出全部股票。投资者要把握好卖出时机。

卖点 3：成交放出天量——天量价成为天价时卖出

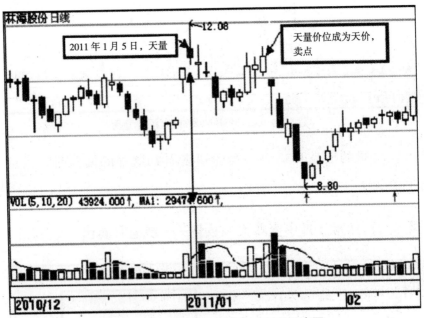

图为 1-22　林海股份 (600099) VOL 示意图

如图 1-22 所示，2011 年 1 月 5 日，林海股份 (600099) 突然放出巨量，创下其本轮行情启动以来的天量，天量价之后的第二个交易日，股价开始下跌，天量价位可能成为天价，此时投资者可以先卖出部分股票。1 月 18 日，股价回升但仍没有能够恢复天量价位。此时的天价得以确认，投资者应将手中股票全部卖出。

卖点 4：无量"一"字涨停后的放量阴线——放量阴线处卖出

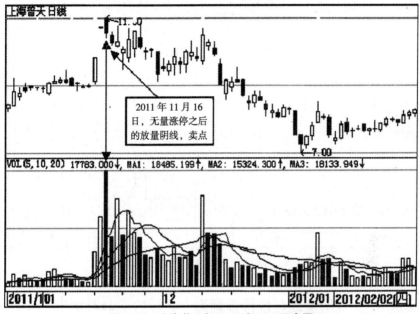

图 1-23 上海普天（600680）VOL 示意图

如图 1-23 所示，上海普天（600680）在利好消息的刺激下，自 2011 年 11 月 14 日起，股价开始无量涨停。这表明持股投资者普遍惜售。2011 年 11 月 16 日，该股不再继续涨停，而且出现了放量阴线，这表明此前惜售筹码开始大量涌出，后市行情将会发生反转。此时卖点出现。投资者见此形态出现，即出现阴线时，应果断地进行卖出操作。

卖点 5：高位出现放量大阴线——放量阴线处卖出

如图 1-24 所示，经过几个月的涨幅之后，2009 年 1 月 20 日，明星电力（600101）的股价最高涨至 9.21 元，但这天的 K 线是一根放量的大阴线，这往往表明庄家在打压出货，投资者就要把握高位卖出的良机。

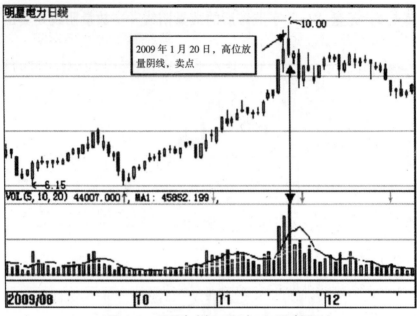

图1-24　明星电力(600101)VOL示意图

卖点6: 5日均量线与股价顶背离——股价走弱时卖出

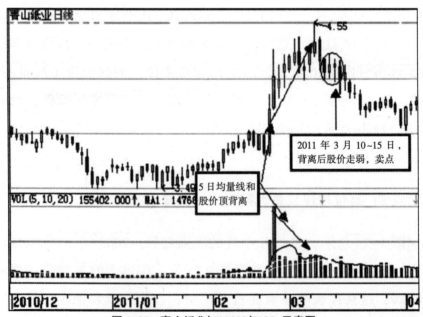

图1-25　青山纸业(600103)VOL示意图

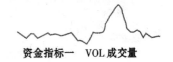

如图 1-25 所示，2011 年 3 月初，青山纸业（600103）的股价创出新高，但 5 日均量线却有所回落，二者形成了顶背离形态。之后 3 月 10~15 日，该股在高位横盘整理，但这几根 K 线都有明显的影线，表示该股已经开始走弱，此时投资者应把握机会及时卖出手中股票，以防利益受损。

第四节　VOL＋MA＋MACD 指标组合应用

一、底部信号组合

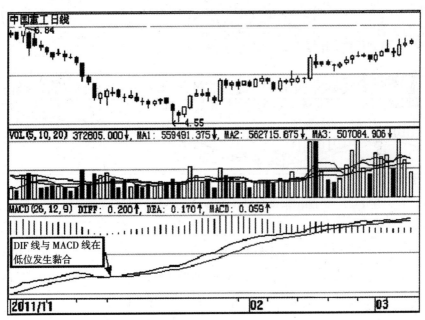

图 1-26　中国重工（601989）VOL＋MA＋MACD 指标组合示意图

如图 1-26 所示，中国重工（601989）在持续的一段下跌行情中，股价不断下跌，买方力量枯竭。在 2011 年 12 月中下旬，DIF 线与

MACD 线出现黏合现象。这表明庄家在趁机进场收集筹码，采取打压或压箱顶吸货的手法，从而导致了 DIF 线与 MACD 线在低位黏合的情况出现，这是股价即将见底的信号。一旦 DIF 线开始向上运行并脱离 MACD 线的黏合，投资者便可进行买入操作，以期获得可观收益。

在实际情况中，不仅 DIF 线与 MACD 线会发生黏合现象，均线系统的短、中、长线也经常发生黏合的现象，并且同 MACD 指标出现的黏合情况是一致的。均线系统的各条均线也会发出底部信号。

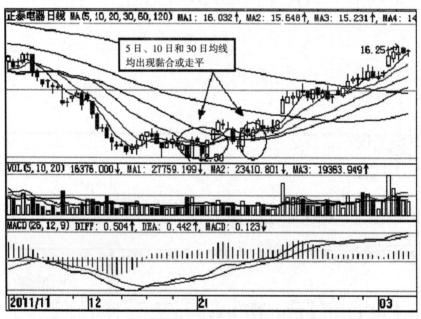

图 1–27　正泰电器（601877）VOL + MA + MACD 指标组合示意图

如图 1-27 所示，正泰电器（601877）的均线系统在低位区出现了黏合及走平的现象。这说明，该股股价在经过较长一段时间的下跌后，开始在底部区域进行盘整，逐渐进行筑底过程。此时，庄家见机行事，进场开始建仓。5 日、10 日、20 日和 30 日均线在低位黏合或走平，一旦 5 日均线脱离与其他均线的黏合向上运行，并且其他均线也紧随其后向上运行，表明底部最终形成。投资者见此形态可积极进行买入操作。

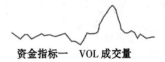

二、顶部信号组合

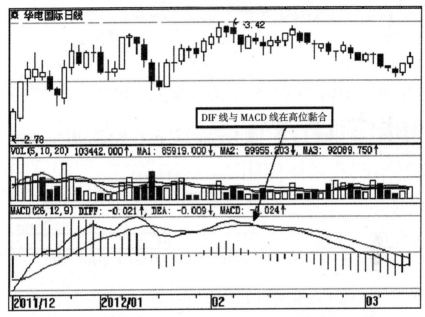

图1-28 华电国际(600027)VOL＋MA＋MACD指标组合示意图

如图1-28所示，华电国际（600027）的股价经过了一段时间的震荡上涨，而后该股的DIF线与MACD线在高位发生黏合的现象，表明股价在经过一段上涨的行情后，买方的后续能量衰竭，从而导致此现象的出现。这也说明，庄家此时趁机在高位构筑平台出货，是顶部卖出信号。一旦DIF线向下脱离MACD线的黏合，则预示着股价将会出现较大幅度的下跌行情。投资者见此形态，应尽快进行卖出操作，将手中的股票出脱。

与上面的情况相似，均线系统的各均线指标若在高位出现黏合或者走平的现象，则发出见顶信号，如图1-29所示。

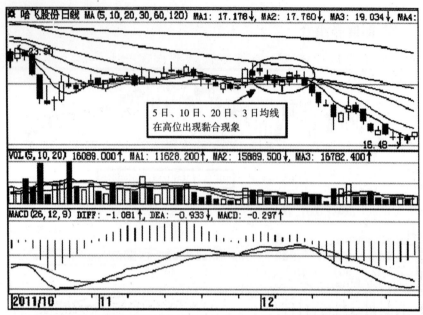

图 1-29 哈飞集团（600038）VOL + MA + MACD 指标组合示意图

如图 1-29 所示，哈飞集团（600038）的均线系统在高位出现了黏合的现象。这表明股价在经过一段持续上涨的行情后，上涨遇到了很大的阻力，或者此时的价格已经达到了庄家设定的既定价位，开始在顶部区域盘整，发出顶部卖出信号。一旦当 5 日均线向下运行，脱离其他均线的黏合时，便会成为投资者最后的卖出时机。因此，投资者见到此形态出现时，应果断地进行卖出操作，尽快做空。

小　结

（1）当股价处在低位并不断向上攀升时，成交量也呈现出逐步放大的态势，即低位的价量齐升。此时，投资者可以逢低进场，进行买入操作。

（2）当股价经过一段时间的缓慢攀升后，突然放量上涨，这表明机构在暗中持续建仓，后市股价将会出现一个加速上涨的过程。投资者见此形态，可在第一根放量大阳线处进行买入操作。

（3）当股价跌至某个重要的支撑位时，并且能够缩量企稳，这表明杀跌动力严重不足，股价的调整即将到位。投资者见此形态出现，可在股价在支撑位缩量企稳时进行买入操作。

（4）当股价突破某个重要阻力位，并且成交量放大时，表明股价在短期内开始走强。投资者可适时把握机会，在股价放量突破日进行买入操作。

（5）当股价经过长期缩量下跌后，在某一个交易日突然出现放量，这表明新一波的上涨行情即将出现。投资者见此形态，可在低位的第一根放量大阳线出现日进行买入操作。

（6）当股价创出新低，而5日均量线并没有与之配合创出新低时，股价与5日均量线形成底背离，表明机构在下跌中逢低吸纳，是构筑底部的过程。投资者见此形态，可在股价开始价量齐升时进行买入操作。

（7）当股价在经过一段时间的大幅上涨后，开始不断下跌，而成交量呈现逐步放大的态势，即价跌量增。这表明机构开始杀跌出货，后市继续看跌。投资者见此形态，应坚决卖出。

（8）当股价在熊市反弹中突然大幅放量，表明众多买盘开始集中入场，而机构趁机大力出货。投资者见此形态，可在成交量突然放大日进行卖出操作。

（9）当股价经过一段时间的大幅上涨后，在某个交易日成交量也突然放出天量，表明机构开始出货。当后市股价无法突破天量价位时，即"天量价位成为天价时"，投资者可在此交易日进行卖

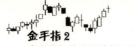

般缩写为 OBV。

OBV 是美国投资分析家乔·格兰维尔于 1981 年创立的，它的理论基础是"能量是因，股价是果"，OBV 的波动单位是"N"字形，并且由许许多多"N"字形波才构成了 OBV 的曲线图。OBV 是研判股市成交量的短期技术分析工具，通过利用股价和股票成交量的指标来反映股市人气兴衰。

一般说来，投资者对股价变化的重视要远大于对成交量变化的重视，但对个股或大盘趋势的判断却时刻都离不开对成交量的分析，而且，为了保证研判效果的最佳，最好将量价的分析结合起来综合使用。

而 OBV 累计能量线就是基于此产生的一种指标，它是将成交量值给予数量化并制成趋势线，配合股价趋势，从价格的变动及成交量的增减关系中推测股市气氛的一种技术分析工具。它的具体表现为，分歧越大，交易量越多。

成交量的变化能够预测股价的波动方向。OBV 的理论基础是成交量的变动与市场价格的变动相配合。成交量一般都是随着股价的上升而增加，但是这并不一定代表股价的变化与成交量的变化一定成正比。所以说，OBV 的出发点是基于成交量是股价变动的先行指标，公司业绩和股价的短期波动并没有直接的相关关系，它是受到人气的影响。

三、OBV 的计算方法

OBV 的计算公式很简单，当今日收盘价高于前日收盘价时，今日的成交量为正值；而当今日收盘价低于昨日收盘价时，则今日的成交量为负值。

首先，我们假设已经知道了上一个交易日的 OBV，就可以根据今日的成交量以及今日的收盘价与上一个交易日的收盘价的比较计算出今日的 OBV。计算公式如下所示：

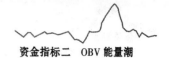

今日 OBV = 前日 OBV + sgn × 今日的成交量

其中 sgn 是符号的意思，sgn 可能是 + 1（今日收盘价 ≥ 前日收盘价），也可能是 −1（今日收盘价 < 前日收盘价）。

在计算 OBV 时，仅依靠收盘价的涨跌为数据来计算，有一定程度的失真。例如，当天最高价曾涨 100 点，但收盘价反而跌 5 点，这种情况 OBV 的功用无法完全真实地反映。针对这种失真现象，有人尝试以需求指数来代替收盘价。需求指数即将最高价、最低价与收盘价三个价位加以平均。这种补救方式亦可用于移动平均线、MACD 等的计算。

四、OBV 的技术图形

见图 2−1。

图 2−1　武钢股份(600005)OBV 示意图

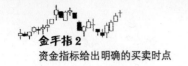

第二节　如何利用能量潮跟踪庄家

一般而言，利用 OBV 指标跟踪庄家可以从以下四点入手：

（1）OBV 指标方向的不同，比较直观地反映了市场主流资金对持仓兴趣增减的变化。与其他线形指标一样，OBV 指标的曲线方向通常有三个：向上、向下和直行（水平），如图 2-2 所示。

图 2-2　OBV 指标运行方向示意图

通过对这三个方向的判定，投资者可以准确地了解庄家的进出货过程及时间。

（2）当 OBV 指标顺应股价上涨，也开始不断向上运行的时候，表明当前市场中投资者的持仓兴趣在不断增加，就等于给了投资者一个价涨量增的看涨信号，如图 2-3 所示。

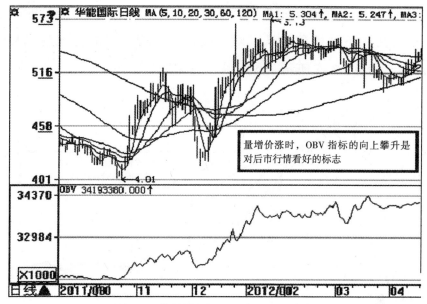

图 2-3 华能国际(600011)OBV 示意图

反过来说，当股价上涨，OBV 指标同步却出现向下或者是水平状态的运行，那么即表明个股和大盘的向上趋势将难以维持，这说明市场的持仓兴趣没有多大变化，就是一个上涨动能不足的表象，如图 2-4 所示。

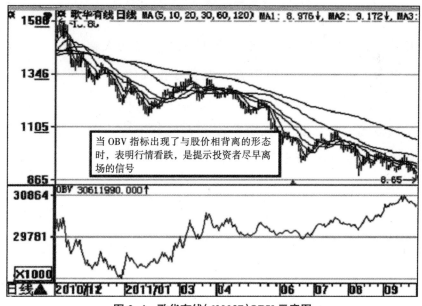

图 2-4 歌华有线(600037)OBV 示意图

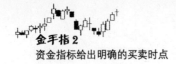

（3）当 OBV 指标紧跟着股价下跌的脚步，同步向下运行时，这表明未来行情的下跌得到确认，对于投资者来说，及时离场就是最好的止损机会，如图 2-5 所示。

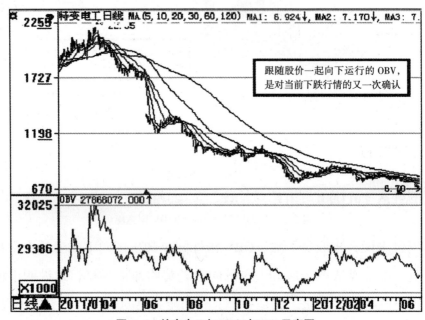

图 2-5　特变电工（600089）OBV 示意图

市场做空动能的释放必然会带来股票价格的大幅下行，这时回避风险就成为了第一要点，投资者应设立好止损位和离场观望。

（4）当 OBV 指标随着股价变动呈水平状态时，首先表现为目前市场持仓兴趣的变化不大，其次是投资者最好不要参与这时的个股或大盘的调整，如图 2-6 所示。

另外当股价下跌，OBV 指标呈水平状态的时候，表明此时股价下跌的状况不需要成交量的配合。不过同时这种股价缩量下跌时间的延长，却会带来投资者的全线套牢，因此投资者一定要格外小心。

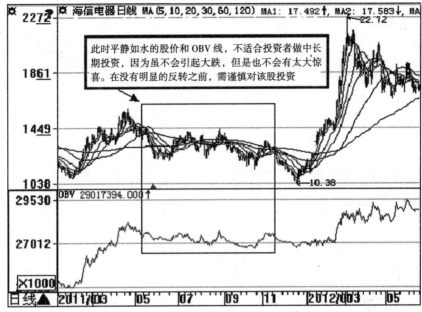

此时平静如水的股价和 OBV 线，不适合投资者做中长期投资，因为虽不会引起大跌，但是也不会有太大惊喜。在没有明显的反转之前，需谨慎对该股投资

图 2-6 海信电器(600060)OBV 示意图

第三节 OBV 指标的买卖点

买点 1：OBV 横盘整理超过 3 个月——突破整理区间时买入

如图 2-7 所示，2010 年 8~10 月，同方股份（600100）的 OBV 指标持续横盘整理。它的形态特征是 OBV 连续横盘整理 3 个月，一旦指标线向上突破，就是买入信号，同时要注意 OBV 指标整理的时间越长，未来股价上涨的空间也就越大。10 月 26 日，OBV 指标线成功突破前期最高点，表示股价放量上涨，有新的多方力量拉升股价，这时投资者可以积极买入股票。

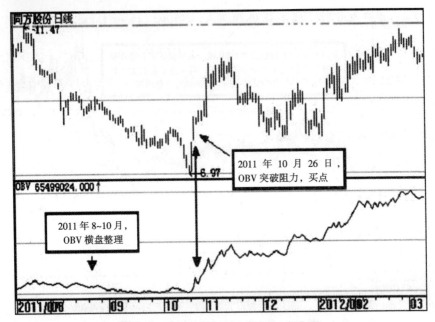

图 2-7 同方股份(600100)OBV 示意图

买点 2：OBV 指标和股价底背离——股价逐步回升时买入

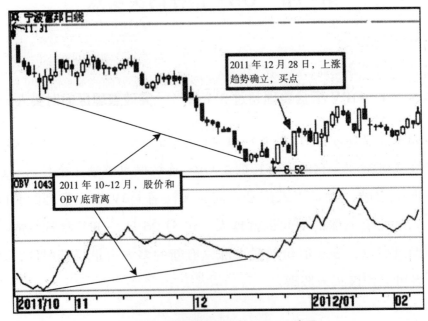

图 2-8 宁波富邦(600768)OBV 示意图

如图 2-8 所示，2011 年 10~12 月，宁波富邦（600768）的股价和 OBV 指标出现底背离状态。它的特征是当股价不断下跌时，如果 OBV 指标持续上涨二者就形成了底背离状态。这是一个看涨买入的信号，有时 OBV 指标上涨时的波峰和波谷并不明显，但只要图上 K 线出现明显的反转信号，或者股价不再创出新低，投资者就可以买入。

12 月 28 日，股价没有再创出新低就反弹，这时投资者可以积极买入股票。

买点 3：OBV 和股价一起缓慢上升——可追涨买入

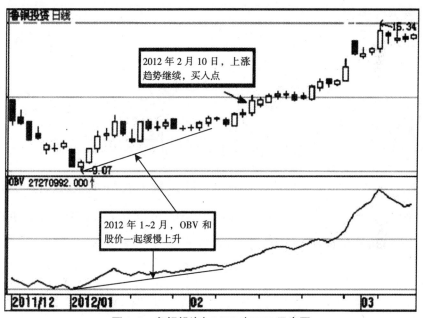

图 2-9　鲁银投资（600784）OBV 示意图

如图 2-9 所示，2012 年 1~2 月，鲁银投资（600784）的股价和 OBV 指标同时缓慢上涨。OBV 指标上涨的具体速度是难以测量的，在实际操作中投资者只要看 OBV 指标和股价上涨斜率大致相等即可。这是十分健康的上涨形态。

2 月 10 日，股价经过小幅的下降又连续上涨，这是行情还将继续

上涨的信号，投资者可以追高买入股票。

卖点 1：OBV 指标和股价顶背离——股价滞涨时卖出

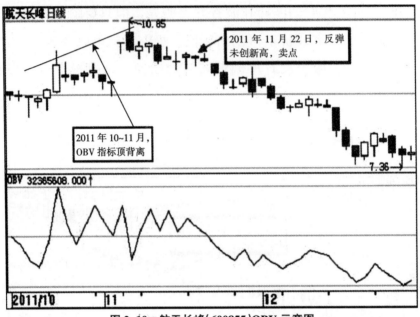

图 2-10　航天长峰(600855)OBV 示意图

如图 2-10 所示，2011 年 10~11 月，航天长峰（600855）股价和 OBV 指标出现了顶背离形态。这种形态的特征是在股价连续上涨的同时，如果 OBV 指标连续下跌，二者就形成了顶背离形态。这是看跌卖出的信号。

11 月 22 日，股价反弹没能创出新高，此时投资者应卖出手中股票。

卖点 2：OBV 加速上涨——指标开始回落时卖出

如图 2-11 所示，2011 年 10 月 25 日开始，张江高科（600895）的 OBV 指标加速上涨，股价并没有明显的加速迹象，这个形态表明成交量放大并未带动股价出现应有的涨幅，是主力在顶部出货的形态。这时卖点就在于当 OBV 指标结束加速上涨的时候。

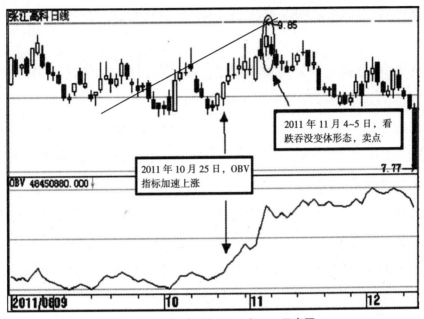

图 2-11 张江高科(600895)OBV 示意图

11 月 4~5 日，股价上涨到顶部后出现看跌吞没的变体形态（下端吞没，上端没有吞没），这是行情即将反转的信号，这时投资者就应及时卖出手中股票。

第四节 OBV 指标投资技巧

经过长时间的观察和研究，我们发现相对于其他指标来说，OBV 指标在股市中作用更大一些，是投资者看盘时必须参照的一个指标。那么如何利用 OBV 指标来看待股市行情呢？下面我们就来谈谈该指标的使用技巧。主要有以下几点：

第一，回顾一下上面讲解的知识。

当股价上升同时 OBV 线下降时，则表示股价可能回跌，买盘无力。

当股价下降同时 OBV 线上升，则是明显的买进信号，表示买气逐渐加强。

当 OBV 急速上升，力量将用尽，则是明显的卖出信号。OBV 能够较为标准的显示对双重顶第二个高峰的确定。

当股价从双重顶的第一个高峰下跌之后又回升，如果想要出现更高峰和多头市场的持续，那么 OBV 指标就要随着股价趋势同步上升并且还要与价量相结合。

与此相反，当 OBV 线未能随股价回升，反而下降，这时就形成了第二个顶峰，从而形成双重顶的组合，最终致使股价下跌。

当 OBV 线从正的累积转为负数时，表明股市下跌，则为卖出信号。

而当 OBV 线从负转为正时，是买进信号。我们研判股市行情实际上看的是 OBV 线变动的方向，其代表的具体数值意义不大。

第二，相较于目前的国内市场，国外市场则比较成熟，格兰维尔的 OBV 指标也正是建立在国外相对成熟市场经验总结的基础之上的。因而，想要把该指标移植到国内，必然要经过一番改造，才能与国内市场的实际情况相结合，从而发挥作用。比如，价涨量增，在国内股市坐庄的股票，股价涨得越高，成交量反而会更少，因此，在此时利用 OBV 指标进行研判就不灵验了。这是因为主力控盘严重，股价在上涨过程中，没有获利筹码加以兑现，因而股票价格会疯涨，但成交量并没有增加，所以 OBV 当然无法发挥作用。

第三，在内地股市，我们采用了涨跌停板的限制。很多股票在连续涨停的时候，由于股民对后市预期的不确定性，会认为股价继续上涨，因而往往会持股观望，从而也出现了股价越涨，成交量不增的现象。该情况的出现，会导致指标失真。所以，对于那些达到涨跌停板的股票，OBV 指标是没有办法发挥其作用的。

现在，在我国内地股市中，庄家控制个股的现象仍然大量存在。

对于中长线庄家来说，他们会在股价处于底部或者低价位区域时，尽可能地大量吸进筹码，然后对股价进行拉升，到高处后进行派发。庄家在底部收集筹码时，由于庄家的买进行为会使股价有一定程度的上涨，同时成交量也会呈现放量。在这个时候，庄家为了降低吸筹成本，会在股价小幅上涨后对其进行打压。当股价向下反弹到低位时，庄家会继续吸收筹码。如此反复进行，直到庄家吸到足够的筹码为止。

以上这个过程，反映在 OBV 上，就是股价在底部进行盘整，而 OBV 没有与之配合，却一波一波走高，形成了底部背离形态。需要引起注意的是，大众所掌握的分析方法也有可能会被机构利用。就 OBV 指标而言，庄家可以在每日盘中进行吸筹，从而使成交量不断增加，等到收盘时，再把股价打成阴线，这样的情况下，OBV 就会呈现向下走的趋势，因而达到迷惑投资者的目的。但是要破解这种手段，选择 15 分钟或者 60 分钟的 OBV 线是比较有效的一种方法。这样投资者就可以避开庄家设计的陷阱。

第四，OBV 指标对研判上升趋势的准确性是比较高的。但在股价进入下跌通道后，在通常情况，OBV 是作为横盘或上升趋势减缓来进行分析的。

小　结

（1）OBV 指标是研判股市成交量的短期技术分析指标，是利用股价和股票成交量的指标来反映股市的人气兴衰，它主要是判断量价关系，即 OBV 曲线是否与股价运行方向一致。

（2）OBV 线可以确定股市突破盘后的发展方向，OBV 线横盘

二、VR 指标的构成原理

VR 指标是以"量价理论"和"反市场操作理论"为基础，研究股票量与价格之间的关系的一种技术指标。基于量先价行、量涨价增、量跌价缩、量价同步、量价背离等成交量的各种基本原则已经得到了市场的长期验证，所以 VR 指标认为，观察上涨与下跌的成交量变化情况，可作为研判行情的重要依据。同时，VR 指标还有反市场操作的功能。该指标认为，当股价开始上涨或在上涨途中，市场人气不断凝聚的时候，投资者应顺势操作；而当股价暴涨暴跌，市场上人气极度旺盛或极度悲观时，聪明的投资者应果断离场或进场。

另外，由于低价区和高价区出现的买卖盘行为一般都可以通过成交量表现出来，所以，VR 指标还带有对超买超卖的研判功能。而且，VR 指标又带有一种相对强弱概念。因为 VR 指标是用上涨时期的量与下跌时期的量的比值来进行分析的。

总之，VR 指标可以表现出资金的供需关系、买卖气势的强弱以及设定超买超卖的标准等，能够为投资者确定合理及时的买卖时机提供正确的参考。

三、VR 指标的计算方法

VR 指标是一项通过分析一定周期内，股价上升周期的成交量（或成交额）与股价下降周期的成交量的比值，从而了解市场买卖意愿的一种中短期技术指标。由于选用的计算周期不同，VR 指标也有很多种类型，包括日 VR 指标、周 VR 指标、月 VR 指标、年 VR 指标以及分钟 VR 指标等。日 VR 指标和周 VR 指标都是经常被用于股市趋势研判的指标，它们的区别是计算时的取值不同，但原理和基本的计算方法是一样的。

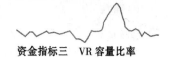

以日 VR 指标计算为例，其具体计算如下：

1. 计算公式

VR（N 日）＝N 日内上升日成交量总和÷N 日内下降日成交量总和

其中，N 为计算周期，一般起始周期为 12。

2. 计算过程

（1）N 日以来股价上涨的那一日的成交量都称为 UV，将 N 日内的 UV 总和相加称为 UVS。

（2）N 日以来股价下跌的那一日的成交量都称为 DV，将 N 日内的 DV 总和相加称为 DVS。

（3）N 日以来股价平盘的那一日的成交量都称为 PV，将 N 日内的 PV 总和相加称为 PVS。

（4）最后 N 日的 VR 就可以计算出来：

VR（N）＝（UVS＋1/2PVS）÷（DVS＋1/2PVS）

这里得出的计算公式是对上面公式的具体细分。随着股市分析软件的日益普及，实际上 VR 指标的数值由计算机自动完成，无须投资者自己计算，这里主要是通过了解 VR 指标的计算过程而达到对其有更进一步的理解的目的。

四、VR 指标的技术图形

见图 3-1。

图 3-1　中国国贸（600007）VR 指标示意图

第二节　VR 指标的应用原则

　　VR 指标的一般研判标准主要集中在 VR 数值区域的划分和 VR 曲线与股价运行趋势的配合分析等方面。以 26 日 VR 指标为例，具体分析如下：

一、VR 数值区域的划分

　　按照一般的标准进行分类，VR 数值可以划分为 4 个主要的区域，

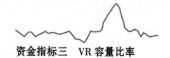

它们分别是:

1. 低价区域

VR 值介于 40~70 时,为低价区域。这表明股票的买卖盘非常稀少,人气比较涣散,但有的股票的投资价值可能已经凸显,投资者可以开始少量建仓,如图 3-2 所示。

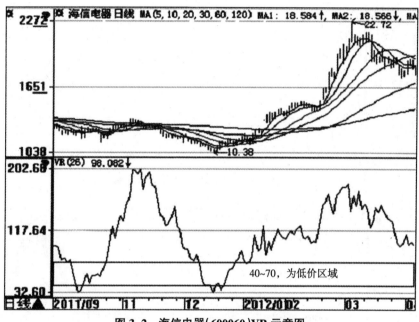

图 3-2　海信电器(600060)VR 示意图

2. 安全区域

VR 值介于 80~150 时,则表示此处为安全区域。说明股票的买卖盘逐渐开始增多,人气也开始积聚,投资者在这时可以持股待涨或者加大建仓量,如图 3-3 所示。

3. 获利区域

VR 值介于 160~450 时,为获利区域。这表明股票在强大的买盘的推动下,节节上升,投资者应该将大部分获利比较丰厚的筹码及时地获利了结,如图 3-4 所示。

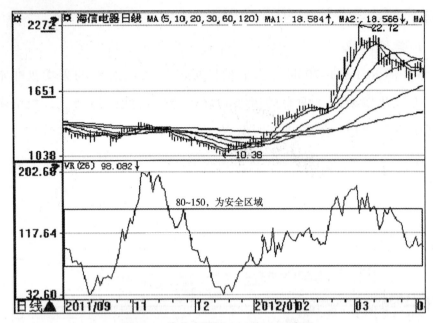

图 3-3　海信电器（600060）VR 示意图

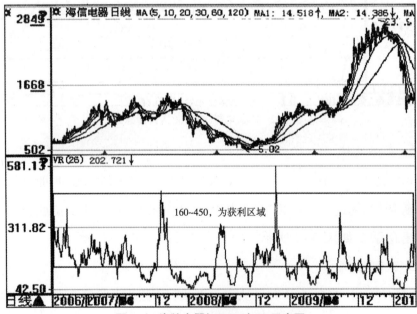

图 3-4　海信电器（600060）VR 示意图

4. 警戒区域

VR 值到了 450 以上的区间时，为警戒区域。这表明股价的上涨已

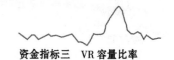

经出现超买的现象，市场的后续资金很难跟上，股价可能随时出现一轮比较大的下跌行情，投资者应果断地卖出股票，持币观望。如图 3-5 所示。

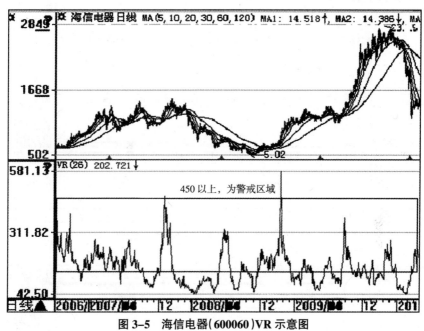

图 3-5 海信电器(600060)VR 示意图

二、VR 曲线与股价曲线的配合使用

（1）当 VR 曲线在低价区开始向上扬升，并且成交量开始慢慢放大时，如果股价是小幅上升，表明市场上的主力资金开始介入，投资者可以开始建仓买入，如图 3-6 所示。

（2）当 VR 曲线突破低价区时，如果股价曲线也同步向上，表明股价的涨势已经开始，投资者应加大买入力度。同样以长江投资（600119）为例，如图 3-7 所示。

（3）当 VR 曲线突破低价区后，如果股价曲线也同步向上，表明股价的涨升力度开始加大，投资者可一路持股，直到 VR 曲线出现调头向下的迹象，如图 3-8 所示。

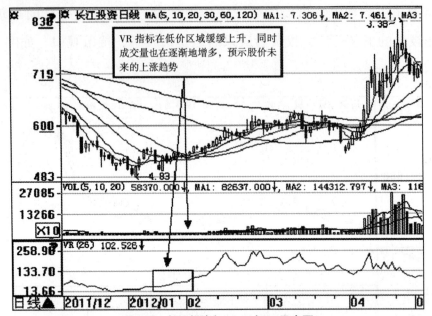

图 3-6 长江投资(600119)VR 示意图

图 3-7 长江投资(600119)VR 示意图

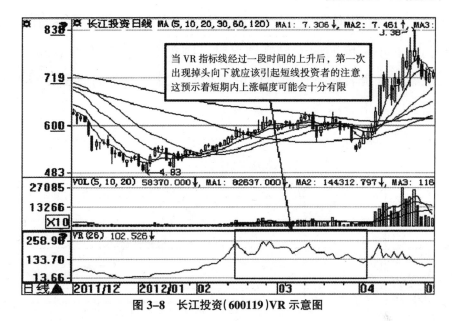

图 3-8　长江投资(600119)VR 示意图

（4）当 VR 曲线进入安全区域后仍然上升时，但是股价曲线却在进行牛皮盘整，表明在此区间内，股票的换手比较充分，主力可能正在酝酿拉升行情，投资者应坚决以持股待涨为主，短线高手可加大买入力度，如图 3-9 所示。

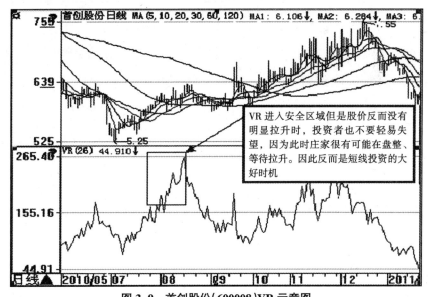

图 3-9　首创股份(600008)VR 示意图

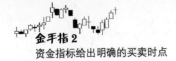

（5）当 VR 曲线进入警戒区域后，出现了掉头向下运行而股价曲线却仍然有小幅度的向上攀升情况时，则很有可能意味着股价出现了超买现象，投资者应密切留意股价的动向，一旦股价曲线也开始向下，则果断及时卖出全部股票，如图 3-10 所示。

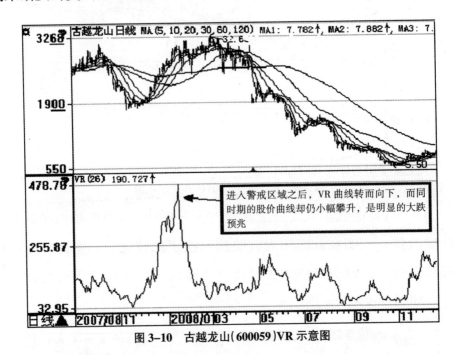

进入警戒区域之后，VR 曲线转而向下，而同时期的股价曲线却仍小幅攀升，是明显的大跌预兆

图 3-10　古越龙山（600059）VR 示意图

（6）当 VR 曲线在低价区域运行时，如果 VR 曲线是慢慢向上攀升的趋势，而股价曲线却不断在下跌的时候，则可能意味着股价出现了超卖现象，投资者这时可以少量在低处买入建仓，如图 3-11 所示。

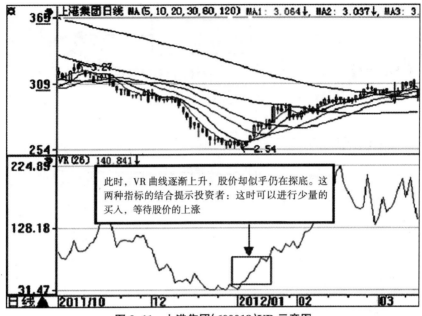

图 3-11　上港集团(600018)VR 示意图

第三节　VR 指标的买卖点

买点 1：VR 超过 200 时——突破日买入

如图 3-12 所示，2012 年 2 月 27 日，中信证券（600030）的 VR指标为 264.52，突破了 200。随着股价的上涨，成交量也呈现出温和放大，这是明显的看涨买入信号。投资者见此状态，可进行买入操作，大胆买入股票。

步增强。此时投资者可以进行买入操作，建立部分仓位。

卖点 1：VR 超过 300 时——再次跌破 300 时卖出

图 3-15　浙江富润（600070）VR 指标示意图

如图 3-15 所示，浙江富润（600070）的 VR 指标不断上涨，在 2011 年 12 月 8 日达到最高，而后开始下调。2011 年 12 月 9 日，该股的 VR 指标为 227.745，跌破 300。这说明随着市场进入严重的超买状态，股价即将见顶下跌。因此，投资者见此状态，应进行卖出操作，尽快出脱手中的股票。

卖点 2：VR 出现三重顶形态——跌破颈线位置时卖出

如图 3-16 标注所示，ST 波导（600130）的 VR 指标在连续三次上涨到同一水平位置时，都遇到阻力回落，因而形成了三重顶。这表明上涨行情即将结束，股价将会见顶下跌。2011 年 12 月 5 日，该股的 VR 指标跌破颈线位，预示上涨行情已经结束。此处便是卖出信号，投资者应卖出手中所持股票。

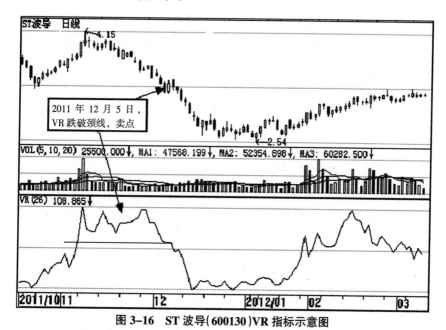

图 3-16 ST 波导(600130)VR 指标示意图

卖点 3: VR 在高位与股价顶背离——股价回落时卖出

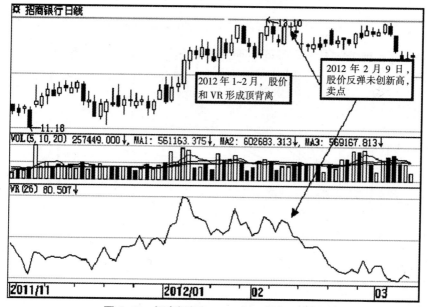

图 3-17 招商银行(600036)VR 指标示意图

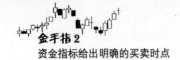

如图 3-17 所示,招商银行(600036)的股价不断向上攀升,但 VR 指标并没有与之配合,而是不断向下运行,因而形成了顶背离。这表明该股的上涨动能越来越弱,行情将会出现反转,是看跌卖出信号。2012 年 2 月 9 日,该股股价在高位区域反弹,但并没有创出新高。投资者见此形态,应把握此时的卖出时机,将手中的股票卖出。

第四节 VR 指标注意事项

VR 指标的出现以及应用,通过将成交量量化,帮助投资者掌握市场中资金的供需关系,以及买卖气势等。这对于投资者来说,可以更好地掌握股市信息,研判行情,以减少投资风险和规避损失。

但在实际应用 VR 指标过程中,投资者需要注意以下几点:

(1)VR 指标在计算方法上与 PSY 指标有相通之处,在实际操作中,投资者可以把二者结合起来使用,如图 3-18 所示。

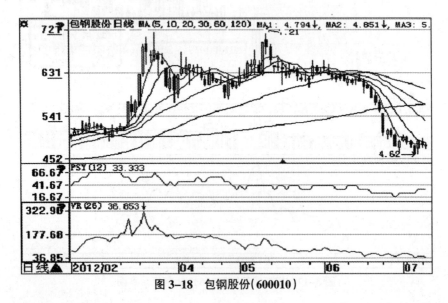

图 3-18 包钢股份(600010)

（2）当股价连续无量涨停时，多方力量虽然表现出强劲态势，但VR 指标难以有较大涨幅。因而在这种情况下，该指标会有失真的现象。

（3）当某个交易日突然放出天量，VR 指标容易出现暴涨暴跌的现象。在这种情况下，投资者应尽量避免使用该指标，可用其他指标来代替。

（4）一般来说，VR 指标在低价区买入的信号比较可信。但在高位区，VR 指标的可信度会有所降低，投资者应多参考其他指标，因为股价不一定见顶，很有可能会继续上涨。

小 结

（1）低价区域。VR 值处于 40~70 时，为低价区域。这表明股票的买卖盘稀少，人气比较涣散，但有的股票的投资价值可能已经凸显，投资者可以开始少量建仓。

（2）安全区域。VR 值处于 80~150 时，为安全区域。这表明股票的买卖盘开始增多，人气开始聚拢，投资者此时可以持股待涨或加大建仓量。

（3）获利区域。VR 值处于 160~450 时，为获利区域。这表明此时股票在强大的买盘力量推动下，股价节节向上攀升，投资者此刻最好将大部分获利比较丰厚的筹码及时地获利了结。

（4）警戒区域。VR 值处于 450 以上的区间时，为警戒区域。这表明此时股价的上涨已经出现了超买的迹象，市场的未来资金很难再跟得上，股价可能随时出现一轮比较大的下跌行情，投资者应果断地卖出股票，持币观望。

（5）当 VR 指标突破 200 时，是看涨信号，市场进入强势行情。但当 VR 指标突破 300 时，市场进入严重的超买状态。一旦跌破 300 就是卖出信号。

（6）当 VR 指标跌破 70 时，市场进入严重的超卖状态。但当指标线向上突破时，就成为买入信号。

（7）当股价一底比一底低，而 VR 未创新低时，股价与 VR 形成底背离。VR 底背离出现在 100 以下时看涨买入信号。

（8）当股价一顶比一顶高，而 VR 未创新高，股价与 VR 形成顶背离。VR 顶背离出现在 100 以上是看跌卖出信号。

（9）当 VR 指标形成三重顶时，表明上涨动力不足。当指标线跌破颈线位时，便是看跌卖出信号。

（10）当成交量极度萎缩后放大，而 VR 指标也从低价区向上逐渐增长时，也是买进时机。

资金指标四　PVI 正成交量

PVI，英文全称为 Positive Volume Index，是正成交量指标的缩写。PVI 指标的主要功能在于对目前市场是处于多头行情还是空头行情进行辨别和判断。并且，PVI 指标可以追踪市场资金流向，识别主力资金是否在进行买进或抛出股票，进而从中得出市场的操作策略。

总的来说，PVI 指标可以帮助股民认清市场到底是归属于大户还是散户。除此之外，股民也可以利用 PVI 指标的交叉信号，作为买卖的依据。

因此，PVI 指标在众多的技术分析指标中，具有其独特的一方面。为了帮助更多的投资者了解这种技术分析工具，本章我们将对 PVI 指标的具体内容进行详细介绍。

第一节　PVI 指标简介

一、什么是 PVI 指标

PVI 的中文直译是正成交量指标（或正量指标），其主要作用是统

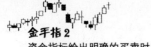

计价增量增时，资金的流向情况。一般说来，散户的行为没有"人为"和"故意"的现象，都应该是自然的表现，当证券价格波动是以散户为主，那么应该是价量配合，价增量增。因此，PVI 展现的是市场当中的资金流向。

二、PVI 指标的构成原理

正成交量指标理论的精髓在于能够准确地显示当日市况的性质。正成交量指标的主要功能在于侦测行情是否属于散户市场。

如果当日的市况是量增价涨，则可判定是散户主导市场，通常称之为"散户行情"。那么在行情中，投资者应该快进快出，不能贪多恋战。

反之，如果当日的成交量在减缩，而股价没有与之配合仍然上升，即量缩价增，则表明大户正在不动声色地收购股票。

该指标有两条曲线：一条是 PVI 线；另一条是 MPVI 线（移动平均值线），通过这两条曲线的穿插走势，来揭示股价涨跌的规律。

三、PVI 指标的计算方法

1. $PVI = PV + (CLS - CISn)/CLSn \times PV$

2. $MA = PVI$ 的 N 日移动平均线

3. 第一次计算时，PV 一律以 100 代替

4. 参数 N 设置为 72

四、PVI 指标的技术图形

见图 4-1。

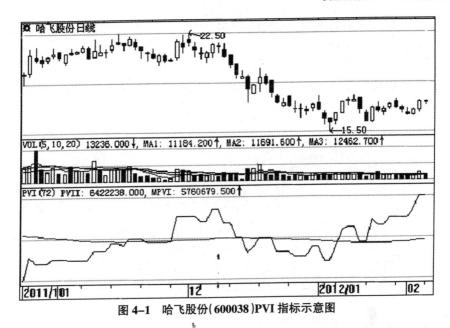

图 4-1　哈飞股份(600038)PVI 指标示意图

五、PVI 指标的应用法则

（1）PVI 指标位于其 N 天移动平均线之上时，表示目前处于多头市场，如图 4-2 所示。

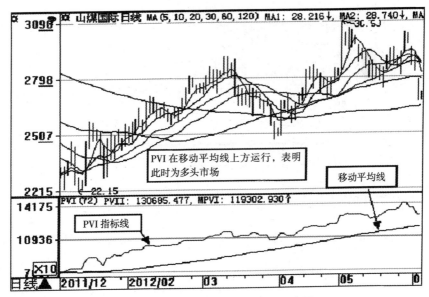

图 4-2　山煤国际(600546)PVI 示意图

（2）PVI 指标位于其 N 天移动平均线之下时，表示目前处于空头市场，如图 4-3 所示。

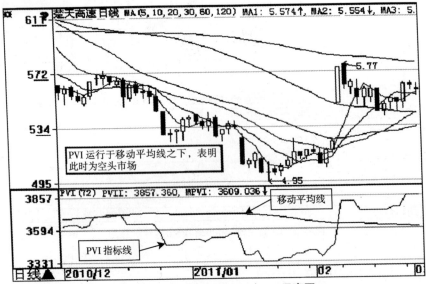

图 4-3　楚天高速（600035）PVI 示意图

（3）PVI 指标由上往下穿越其 N 天移动平均线时，代表中期卖出信号，如图 4-4 所示。

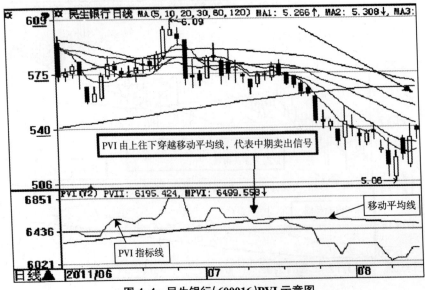

图 4-4　民生银行（600016）PVI 示意图

（4）PVI 指标由下往上穿越其 N 天移动平均线时，代表中期买进信号，如图 4-5 所示。

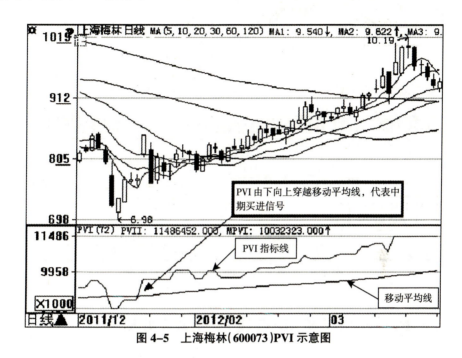

图 4-5 上海梅林（600073）PVI 示意图

第二节 PVI 指标的买卖点

一、PVI 线向下跌破 MPVI 线——跌破日卖出

如图 4-6 所示，2011 年 12 月 2 日，新疆天业（600075）的 PVI 指标线由上向下跌破 MPVI 线。这表明股价将会进行调整下降，后市将会出现一波较大的下跌行情，此处便是卖点。多头应在跌破日尽快平仓或者反手做空，以规避风险。

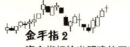

如图 5-8 所示。

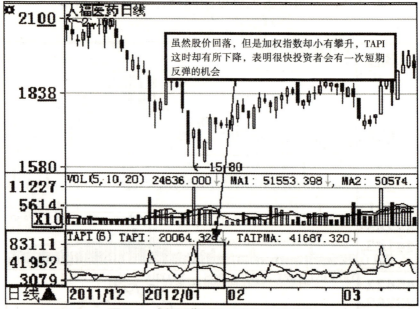

图 5-6　人福医药(600079)TAPI 示意图

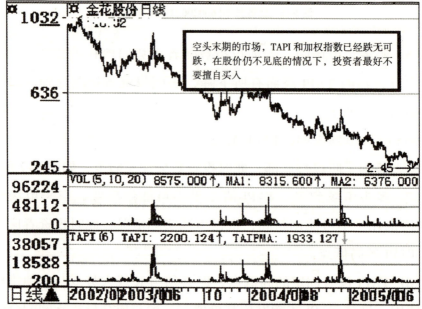

图 5-7　金花股份(600080)TAPI 示意图

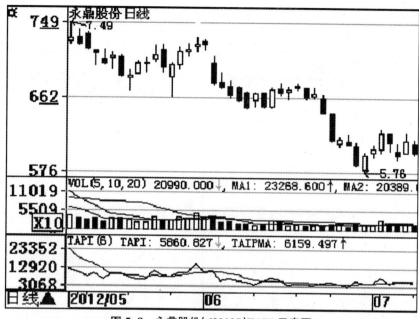

图 5-8　永鼎股份(600105)TAPI 示意图

（9）不同的股市可能选用的加权指数各不相同，尤其在同一股市中存在各种不同的加权指数，所以在实际运用中最好选择有代表性的指数作为计算 TAPI 的标准。

第三节　TAPI 的买卖点

买点 1：TAPI 得到均线支撑——指标回升时买入

如图 5-9 所示，2012 年 2 月 1 日，ST 金花（600080）的 TAPI 线向上突破指标均线，表明市场成交量放大，上涨劲头十足。2 月 2 日，TAPI 线回调但之后受到均量线支撑再次向上，为买入信号 1，此时投资者可以积极买入股票。2 月 28 日，与 2 月 2 日情况相同，也受到均量线支撑，发出买入信号 2，投资者可以继续买入。

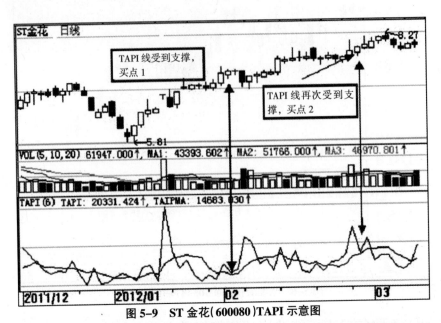

图 5-9　ST 金花(600080)TAPI 示意图

买点 2：指标在低位出现双底形态——形态出现后指标开始回升时买入

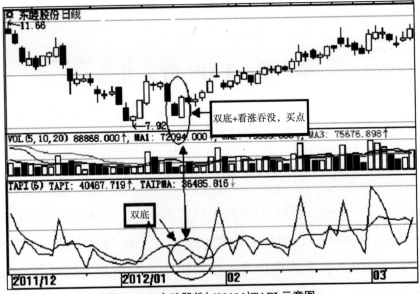

图 5-10　东睦股份(600114)TAPI 示意图

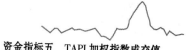

如图 5-10 所示，2012 年 1 月 17 日，东睦股份（600114）的 TAPI 线在低位形成了双底的形态，同时该股 K 线形成了看涨吞没的组合，表明市场会有一波上涨走势，且这两个买入信号同时出现是强烈的买入点，此时投资者可以积极买入。

卖点1：TAPI 大幅直线拉升——指标回落时卖出

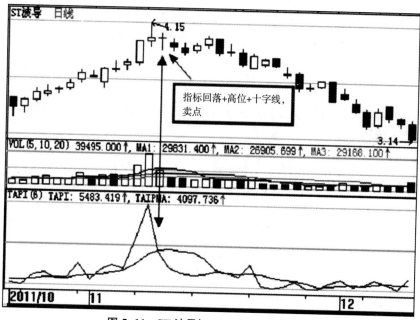

图 5-11　ST 波导（600310）TAPI 示意图

如图 5-11 所示，2011 年 11 月 9 日，ST 波导（600310）的 TAPI 线在经过大幅直线拉升之后开始回落，表示股价可能出现一波下跌走势，同时该股 K 线在高位形成了十字形态，两种形态成为可靠的卖出信号，此时投资者应及时卖出手中股票。

资金指标六 ADR 涨跌比率

股市是通过多空双方的相互较量来体现其大体走势的，从某种意义上说多空双方这种较量带有一定的盲目性和自由性。有的持股人盲目地追逐高涨股市造成股市超买，有时候持股人又盲目地杀跌造成股市超卖，因此多空双方自发性较量主要表现为严重的超买超卖情况。ADR 指标反映了短期股价变动的高点和低点，根据股票的上涨家数和下跌家数的比值，从而分析了整个股市大盘的超买超卖现象，推断市场多空双方力量的对比，即从一个侧面研判股市超买超卖的时机，为中线操作的重要参考指标。

第一节 ADR 指标简介

一、什么是 ADR 指标

ADR 指标也叫涨跌比率指标或上升下降比指标，其英文全称是 Advance Decline Ratio，是专门研究股票指数走势的中长期技术分析工具。其作用在于根据股票的上涨家数和下跌家数的比值，分析整个股市的超买和超卖现象，以便及时发现买入和卖出的信号。中线投资的

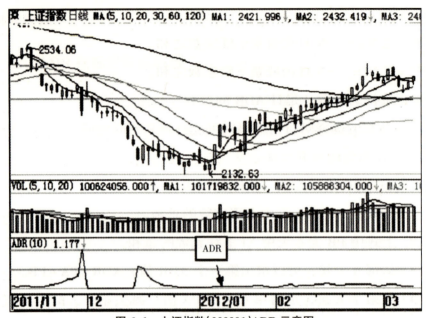

图6-1　上证指数（000001）ADR示意图

第二节　ADR指标选股技巧

涨跌比率的值始终在1附近变化，当涨跌比率大于1时，表示多方力量大于空方；当涨跌比率等于1时，表示N日内多空双方的总力量相当；当涨跌比率小于1时，表示空方力量大于多方。也就是说，涨跌比率的大小可以表示股市多空双方力量的相对强弱。

（1）当涨跌比率ADR一般在0.5~1.5，多头市场上限可达1.9左右，空头市场为0.4左右，如图6-2所示。

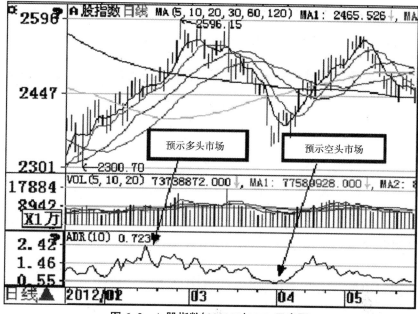

图 6-2　A 股指数(000002)ADR 示意图

（2）当涨跌比率 ADR > 1.5 时，表明股票长期上涨，有超买过度的现象，是卖出信号，如图 6-3 所示。

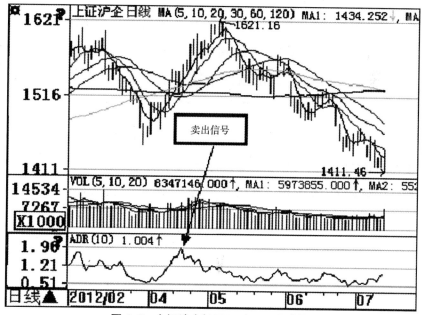

图 6-3　上证沪企(000062)ADR 示意图

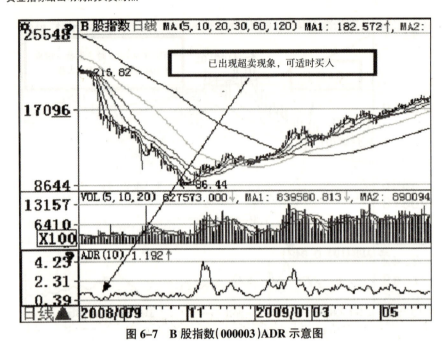

图6-7　B股指数(000003)ADR示意图

（6）如果涨跌比率在空头市场末期，涨跌比率（通常是指10日涨跌比率）降至0.5以下，是买入时机，如图6-8所示。

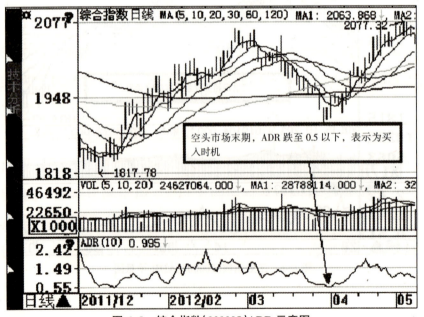

图6-8　综合指数(000008)ADR示意图

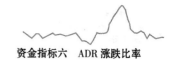

（7）涨跌比率在市场大势下有先行警示的作用，在短期反弹或回档方面，ADR 比图形先出现提示。如果涨跌比率与图形出现背离现象，那么表明大势即将发生反转，如图 6-9 所示。

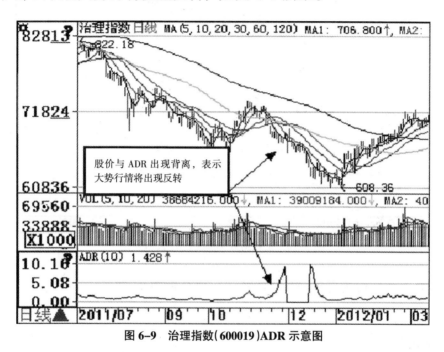

图 6-9 治理指数（600019）ADR 示意图

第三节 ADR 指标的买卖点

买点 1：ADR 与指数共同上涨——积极买入

如图 6-10 所示，2012 年 2 月初上证指数（000001）和 ADR 指数共同上升。这个形态说明每天股票随着指数的上涨数量也在逐渐增加，是买入的信号。此时投资者可以选择强势股票积极买入。

卖点 1：ADR 与指数共同下跌——积极卖出

2011 年 7 月，指数和 ADR 共同下跌

图 6-13　上证指数（000001）ADR 示意图

如图 6-13 所示，2011 年 7 月，上证指数（000001）和 ADR 指标同时下跌。这表明在指数下跌过程中，下跌的股票在增加，是下跌行情继续的信号，此时投资者应尽快将手中的股票卖出。

卖点 2：ADR 与指数顶背离——指数回落时卖出

如图 6-14 所示，2010 年 10~11 月，B 股指数（000003）不断上涨，但 ADR 指标在不断下降，二者形成顶背离形态，这个形态说明上涨股票的数量在不断减少，市场投资者做多的信心逐渐衰退。11 月 15日，指数反弹未能创出新高就再次回落，是股票下跌的预兆，此时投资者应尽快卖出手中股票。

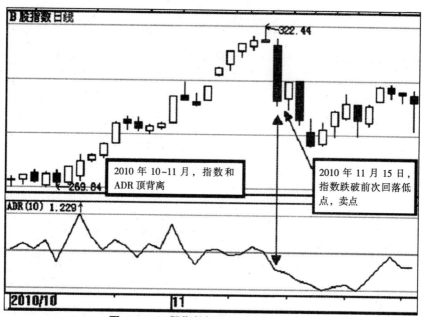

图 6-14　B 股指数(000003)ADR 示意图

小　结

（1）涨跌比率 ADR 一般在 0.5~1.5，多头市场上限可达 1.9 左右，空头市场为 0.4 左右。

（2）当涨跌比率 ADR > 1.5 时，表明股票长期上涨，有超买过度的现象，是卖出信号。

（3）当涨跌比率 ADR < 0.5 时，表明股价长期下跌，有超卖过度的现象，是买入信号。

（4）当涨跌比率 ADR 在 1.5~0.5 上下跳动时，如果涨跌比率连续两天大涨或大跌，其涨跌比率达到 1.5 或 0.5 以下，有买进或卖出的信号。

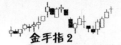

（5）当涨跌比率 ADR 出现 2.0 以上或 0.3 以下时，表明股市有严重的超买或超卖现象，此时股市处于大多头市场或大空头市场的末期。

（6）当涨跌比率低于 0.75，为短线买入信号。

（7）当涨跌比率在空头市场初期降至 0.75 以下，为中级反弹信号。

（8）当涨跌比率在空头市场末期，10 日涨跌比率降至 0.5 以下，为买入信号。

（9）在大多头市场，当涨跌比率出现 2.0 以上或者是展开第二段上升行情的初期时，为卖出信号。

（10）其余次级上升行情如果超 1.5，是卖点而且是极佳的卖点。

资金指标七　CR 中间意愿指标

CR 指标，全称为"中间意愿指标"，又可称为"价格动量指标"或"综合人气指标"等。CR 指标是对股价神秘部分做一个预测，解决何时上涨、何时下跌的"何时"问题，具有自己独特的研判功能。

CR 指标既不是以今日的开盘价为多空双方的均衡点，也不是以昨日的收盘价为多空双方的均衡点，而是以昨日的中间价作为多空双方的均衡点，即 CR 指标采用了上一计算周期的中间价。从理论上讲，这一指标在分析一些股价行情的异常波动时，有着比较特殊的作用。

可以说，CR 指标是另辟蹊径，同时也弥补了其他一些指标的不足之处，因而为投资者准确预测股市环境、股价未来的走向趋势和判断买卖股票的最佳时机提供了新的思路。

本章我们就对这种比较特殊的技术指标——CR，进行详细的介绍。

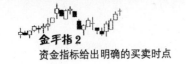
第一节　CR指标简介

一、基本原理

在股市中，常常会出现价格收高的现象。但对于股民来说，这并不是判断进出场的唯一要素。因为股价该天的能力中心往往比前一天更低。因而，这也成了我们应用CR指标的一个重要原因。

CR指标，全称为"中间意愿指标"，又可称为"价格动量指标"或"综合人气指标"等。它是以中间价为计算基准点的常用技术指标。

CR指标在选择计算的均衡价位时，采用的是上一计算周期的中间价，而不是采用的某一天的价格。这就弥补了AR指标和BR指标的不足之处。因为在我们通常的观念中，比中间价高的价位，它的能量也强，而比中间价低的价位，它的能量也较弱。

而CR指标的出现很好地均衡了这种强弱。它在计算的时候，会先把上一个计算周期（比如N日）的中间价跟当前周期（如今日）的最高价、最低价进行比较，计算出一段时期内股价的真正强弱，这为我们分析股价的异常波动现象提供了很大的便利。

CR指标是如何做到这一点的呢？这与其本身的结构配置有很大的关系。CR本身配置了4条平均线，这些平均线在经过了一些测试之后，相互之间连接构成了一个强弱带，正是这些强弱带均衡了一定时期内的价格。

在其他的计算公式和研判法则等方面，CR指标与AR指标、BR指标有很多相似的地方。不过中间价的架构不同，导致了它们并不具备像 CR 一样的理论出发点——中间价是股市最有代表性的价格。

另外，CR 指标还经常被用于测量当前市场投资者的热情分析、价格动量的潜能分析等，最终在一个全新的范畴中帮助投资者找到股价的压力带和支撑带，为投资者准确预测股市环境、股价未来的走向趋势和判断买卖股票的最佳时机提供了新的思路。

二、计算方法

尽管在运算过程中的取值不同，但 CR 指标和其他同类型的指标计算方法并没有太大的区别。CR 指标还包括日 CR 指标、周 CR 指标、月 CR 指标、年 CR 指标以及分钟 CR 指标，这是由于在计算时采用的计算周期不同造成的。以在股市研判中经常用到的日 CR 指标为例，其计算公式为：

$CR(N) = P1/P2 \times 100$

$P1(N) = \sum (H - Ym)$

$P2(N) = \sum (Ym - L)$

多方强度 $= H - Ym$

空方强度 $= Ym - L$

$P_1(N)$ 为 N 日以来多方强度的总和；$P_2(N)$ 为 N 日以来空方强度的总和；H 为当日的最高价；L 为当日的最低价；Ym 为昨日（上一个交易日）的中间价。

从上面的计算公式可以看出，CR 展示的是 N 天以来多空双方总的强度的比值。CR 指标的高低与多方强度及空方强度成反比。上述公式中的中间价可以通过上一个交易日的开盘价、最高价、最低价和收盘价平均后计算出来。普通的计算中间价方法有以下几种：

（1）$M = (2C + H + L)/4$

（2）$M = (C + H + L + O)/4$

（3）M＝（C＋H＋L）/3

（4）M＝（H＋L）/2

H 为当日的最高价；L 为当日的最低价；O 为当日的开盘价；C 为当日的收盘价。

从上面的计算方法可以看出，收盘价的重要性要大于开盘价，因而在指标分析中不容忽视。在实际操作中，投资者只需对 CR 指标的运算方法有一定的了解便可，重要的是掌握其在指标研判中的实质。

三、CR 指标的技术图形

见图 7-1。

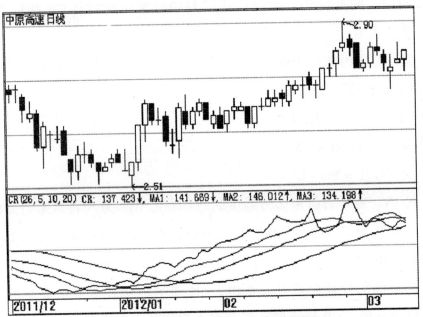

图 7-1　中原高速（600020）CR 指标示意图

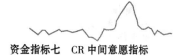

第二节 CR指标与股价关系

一、CR指标曲线的形态

CR指标曲线形态的主要研判对象包括在高位形成的三重顶以及在低位形成的三重底。但在实战中，根据高位形成的三重顶形态作出的判断的准确性要比低位形成的三重底形态作出的判断的准确性高许多。具体到涨跌幅度上可以用三重顶或者三重底理论形态作为参考。大致可以分为以下两种情况：

（1）行情的转变有时会体现在CR指标曲线上。当行情由高位转为低位时，体现在CR指标曲线上就是在高位形成三重顶或M状的顶部反转形态，尤其是股价K线也跟着CR指标曲线出现同样的形态。这更加印证了行情的跌势，并且前期涨幅比较大的股票的跌势会更加明显，如图7-2所示。

（2）当行情由低位转为高位时，体现在CR指标曲线上就是在低位形成三重底或者W状的底部反弹形态。与之相对应的股价K线也跟着CR指标曲线出现同样的形态，这也就更加明确了行情即将出现反弹，如图7-3所示。

二、CR曲线与股价曲线配合使用

股市中，CR曲线的变化趋势相对于股价曲线来说具有前瞻性。因此CR曲线和股价曲线的配合使用很重要，这关系到能否准确地预判出股价的走势。前面已经提到，CR曲线对形成强势行情判断的准确性

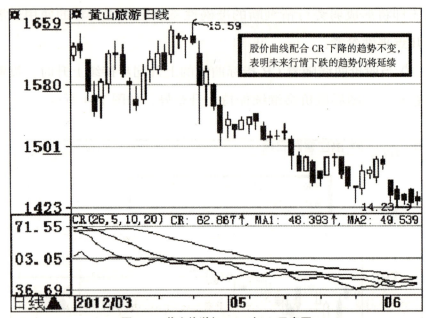

图 7-5　黄山旅游(600054)CR 示意图

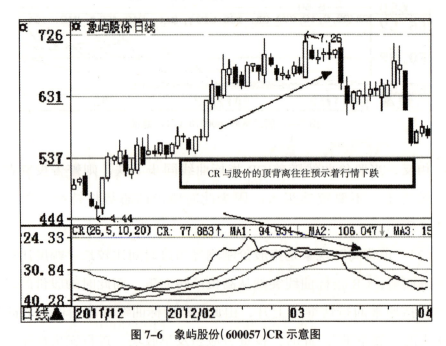

图 7-6　象屿股份(600057)CR 示意图

（3）"底背离"现象是指股价刚刚经历了一波比较大的下跌行情

后，CR 指标曲线突然从低位反弹向上，而此时的股价曲线却仍然保持

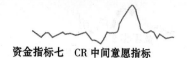

原来的行情继续下跌。由此，CR 指标曲线和股价曲线之间同样也形成了"真空带"。此时，投资者可以持股待涨或及时买进，以把握时机，获得收益，如图 7-7 所示。

图 7-7 包钢稀土（600111）CR 示意图

第三节 CR 指标的买卖点

买点 1：CR 跌至 50 以下——股价回升时买入

如图 7-8 所示，亚星锚链（601890）的股价有较长一段时间的下跌，其 CR 指标数值也不断下滑，在 2012 年 1 月 4 日这天，该股的 CR 指标数值向下跌破 50。此形态的出现，应当引起投资者的关注和警惕。2012 年 1 月 6 日，股价开始回升，买点出现，投资者应掌握时机，进行买入操作。

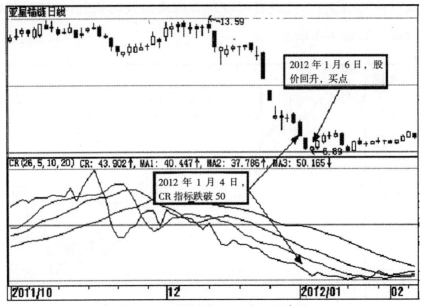

图 7-8　亚星锚链(601890)CR 示意图

买点 2：CR 与股价出现底背离——股价回升时逐步买入

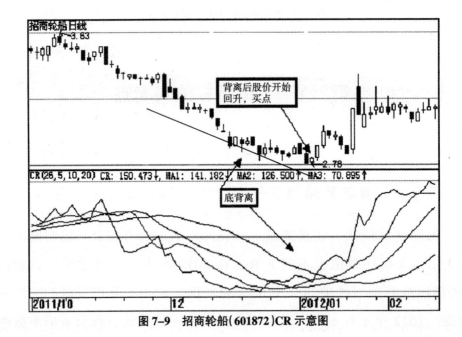

图 7-9　招商轮船(601872)CR 示意图

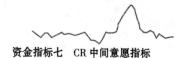

如图 7-9 所示，招商轮船（601872）的股价在经过较长一段时间的连续下跌后，股价再创新低，但 CR 指标线并没有与之配合创出新低，因而形成了底背离。该形态的出现表明，股价的趋势逐渐变缓，下跌的动能已经不足，行情将会出现反转。2012 年 1 月 6 日，股价开始回升，此时是较为理想的买点。投资者应当把握时机，进行买入操作。

买点 3：CR 在 100 下方与各条指标均线黏合——黏合结束、CR 向上突破 100 时买入

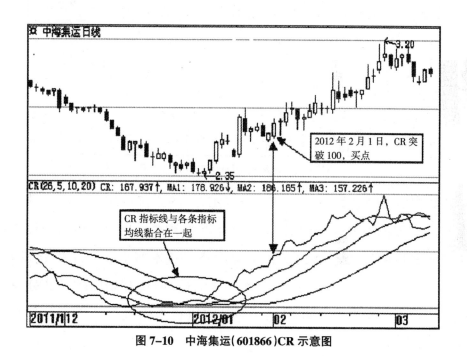

图 7-10　中海集运(601866)CR 示意图

如图 7-10 所示，中海集运（601866）在经过较长一段时间的下跌后，股价逐渐见底。而该股的 CR 指标线也在 100 下方横盘震荡，同时与各条指标均线黏合在一起。这表明该股股价可能正在筑底，投资者可做好买入准备。2012 年 2 月 1 日，CR 指标数值向上突破 100，预示股价将会走强，后市行情将会反转，此处是较为理想的买点。投资

者可借机进行买入操作。

卖点 1：CR 与股价出现顶背离——股价回落时卖出

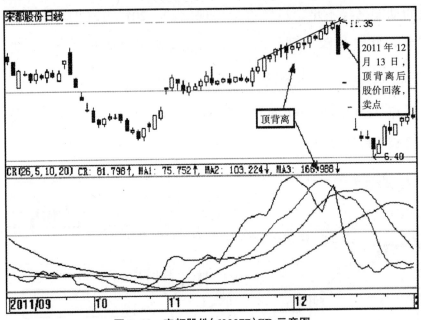

图 7-11　宋都股份（600077）CR 示意图

如图 7-11 所示，宋都股份（600077）的股价在经过一段上升后创出新高，但 CR 指标却没有与之配合再创新高，因而形成了顶背离。这表明股价的涨势逐渐趋缓，上涨的动能逐渐减弱，行情即将反转，这是明显的卖出信号。2011 年 12 月 13 日，股价开始回落，此处便是较好的卖点。投资者见此形态，应及时进行卖出操作，将手中的股票进行出脱。

卖点 2：CR 涨至 200 以上——跌破 200 时卖出

如图 7-12 所示，浙江东日（600113）处于不断上涨的行情中，随着股价的不断上涨，该股的 CR 指标也不断上涨。2012 年 2 月 17 日，该股的 CR 指标为 218.559，向上突破了 200。在此后的一段时间内，

浙江东日日线
6.89
2012 年 2 月 17 日，CR 突破 200
2012 年 3 月 9 日，CR 跌破 200 卖点
4.25
CR(26,5,10,20) CR: 197.910↓ MA1: 259.860↑ MA2: 213.671↑ MA3: 149.563↑
2011/11　12　2012/01　02　03

图 7-12　浙江东日（600113）CR 示意图

股价在高位区盘整，CR 指标也维持在 200 上方。此时投资者可以持股观望。2012 年 3 月 9 日，该股的 CR 指标向下跌破了 200，此处便是较佳的卖点。投资者可把握时机进行卖出操作。

第四节　CR 技术图形应用原则

CR 指标曲线与股价曲线的配合使用虽然是非常重要的一方面，但是 CR 指标的曲线形态以及数值的取值范围作为 CR 指标的一般研判标准也不容忽视。下面主要讲解 CR 指标数值的取值范围。

（1）由于每个交易日的收盘价不同，从 CR 的计算公式我们可以看出，CR 指标很容易出现负值。但按一般的做法，在 CR 指标的研判中，如果 CR 指标数值出现负值，CR 的数值就可以用 0 表示。

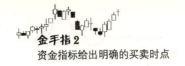
第五节 CR 指标的特殊分析方法

在我国，大智慧和分析家这两款股市分析软件受到很多股民的欢迎，他们都比较喜欢使用这两款分析软件。CR 指标在这两种软件上表现出不同的界面和使用方法。为了方便读者在实战中运用这两种软件，我们将对它们进行简要的分析。

一、大智慧软件上 CR 指标的研判

在大智慧软件中，CR 指标由一条指标线和三条指标均线组成，如图 7-17 所示。

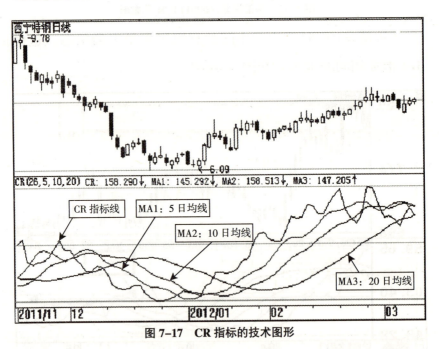

图 7-17 CR 指标的技术图形

其中，除了 CR 指标线，MA1 线代表 CR 指标的 5 日均线；MA2

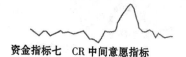

线代表 CR 指标的 10 日均线；MA3 线代表 CR 指标的 20 日均线。

大智慧软件上 CR 指标买入信号有：

（1）当股价经过一段时间的下跌后，CR 指标线向下跌破 50，股价再次回升时，投资者可以买进。

（2）当股价与 CR 指标线出现底背离，而后股价回升时，投资者可以逐步买入。

（3）当股价经过一段时间的下跌后，CR 指标线在 100 下方与各条指标均线黏合时，投资者可以在黏合结束、CR 指标向上突破 100 时买进。

大智慧软件上 CR 指标的卖出信号有：

（1）当股价与 CR 指标线出现顶背离，而后股价回落时，此处为卖出时机。投资者可以进行卖出操作。

（2）当 CR 指标线向上突破 200 后，经过一段时间的盘整，向下跌破 200 时，为卖出时机。投资者可以卖出所持股票。

二、分析家软件上 CR 指标的研判

在分析家软件中，日 CR 指标是由 CR 曲线和 CR 的 MA 日均线组成的。其中，MA 日均线由三条不同周期的曲线构成，用 MA1、MA2、MA3 代表，分别是 CR 指标的 5 日均线、10 日均线、20 日均线。

在分析家软件上，日 CR 指标的应用就是围绕这四条曲线间的不同关系研判展开的。这也是我们了解 CR 曲线与 CR 的 MA 曲线间关系的重要一部分。其主要分析方法如下：

CR 指标在分析家软件上的买入信号：

（1）当 CR 曲线在一个狭窄区域横向移动，尤其是在 75~150 间的区域移动，CR 曲线与其他三条均线在底部黏合时，表明股价开始在底部区横盘进行筑底，是看涨买入信号。投资者见此形态出现，应关注

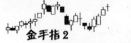
股价的动向，逢低建仓。同时，成交量也配合股价开始放大时，投资者可加大建仓量。

（2）当 CR 曲线开始脱离前期底部横盘区域，自下而上开始突破其他三条均线时，表明股价的底部盘整即将结束，股价开始显现强势，是看涨买入信号。投资者见此形态出现，可进行买入操作。一旦 CR 曲线向上突破最后一条均线，并与其他各条均线同时上扬时，表明股价将继续维持上涨行情。此时，投资者应持股待涨。

（3）当 CR 曲线向上攀升，指标数值超过 150，并且连续向上突破其他三条指标均线时，表明当前的强势行情已经确立，是看涨买入信号。投资者见此形态，可进行短线买入操作，也可持股待涨。

CR 指标在分析家软件上的卖出信号：

（1）当 CR 曲线在高位区（一般为 200 以上）开始向下运行时，表示股价的强势行情即将结束，一般可看做卖出信号。投资者见此形态出现，应及时进行卖出操作，尽快将手中的股票卖出。

（2）当 CR 曲线开始从高位向下运行，首次突破最上面的一条指标均线时，表明股价的强势行情已经结束，是看跌卖出信号。投资者见此形态出现，应果断清仓出局。

（3）当 CR 曲线在经过了一段较短时间的快速上升并远离前期的整理区域，同时，股价已经出现很大涨幅时，投资者应密切留意 CR 曲线的动向。这可能是股价即将下跌的前兆。

除此之外，在分析家软件中还应当引起注意的是，当 CR 曲线自高位向下运行，其他三条指标均线也与 CR 曲线一起向下运行时，表明股价的弱势行情即将开始，投资者见此形态出现；应以持币观望为主。当 CR 曲线向下运行跌破最后一条指标均线时，表明股价的弱势行情已经确立，股价将会出现一轮猛烈的下跌行情，投资者见此形态出现，应坚决持币观望。当 CR 曲线向下运行跌破三条指标均线后，

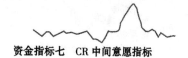

表明股价开始探底过程，投资者见此形态出现，应耐心等待，直到出现股价弱势行情显露结束的迹象。

小　结

（1）由于每个交易日的收盘价不同，CR指标很容易出现负值。通常情况下，在CR指标的研判中，如果CR指标数值出现负值，CR的数值就可以用0表示。

（2）当CR数值在75~125波动时，表明股价此时处于盘整行情中，投资者应以观望为主。

（3）当CR指标数值在50以下时，表明股价处于超跌状态，随时可能回升。

（4）当个股处于盘整行情时，CR数值降到了40以下，表示行情调整即将结束，此时股价有可能随时会再次向上反转回升，投资者最好适时做出买进动作。

（5）熊市行情末期，CR的数值降到了30以下时，表示股价已经到了严重超跌的地步，可能随时会反弹向上。投资者可低位买进。

（6）当CR值=100时，表示中间的意愿买卖呈平衡状态。这是和AR、BR指标相同的地方。

（7）当CR数值大于200时，表明股价处于超买状态。对于反弹行情而言，表明股价反弹意愿已经到位，可能随时再次下跌，投资者应当抛出获利。

（8）当CR数值大于300时，无论是牛市行情还是势头正旺的牛股而言，表明股价已经进入高价区，可能随时回档，投资者应

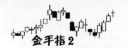
当选择合适的机会卖出。

（9）CR 指标线也会出现双重顶、三重顶、头肩顶等顶部形态以及双重底、三重底、头肩底等底部形态。

（10）CR 指标线也会与其他各指标均线出现突破（跌破），以及黏合到分散的走势形态。

资金指标八 MTM 动量指标

MTM 指标即动量指标，是一种专门研究股价波动的中短期技术分析工具。主要是利用动力学原理，通过衡量股价的动能，观察股价波动速度，分析股票价格的涨跌速度、波动速度以及股价在波动过程中各种加速减速的惯性作用。该指标的作用在于探求股价的变动情况，在多头和空头的行情里分析股价上涨或下跌的动能和速度，从而为投资者提供最佳的买卖时机，使投资者在股市中能够获利。

第一节 MTM 指标简介

一、什么是 MTM 指标

MTM 指标又叫动量指标，是一种专门研究股价波动的中短期技术分析工具。其英文全称是 Momentum Index，其主要是利用动力学原理，通过衡量股价的动能，观察股价波动速度，分析股票价格的涨跌速度、波动速度以及股价在波动过程中各种加速减速的惯性作用。

二、MTM 指标的构成原理

MTM 指标通过衡量股价波动的动能，观察股价波动速度，来揭示股价行情的规律，从而为投资者提供买卖股票的依据。

动量指标利用了动力学的原理，经过研究股价在波动过程中各种加速、惯性作用以及由静到动、由动到静的现象，从而为动量指标提供依据。它的理论基础是价格与供求量的关系。随着时间的推移，MTM 指标认为股价行情会随着股价涨跌幅度的逐渐变小，以及股价变化的速度和能力的慢慢减缓而发生反转。

在空头行情里，股价下跌的能量和速度会随着股价的不断下跌而日渐萎缩，当其下跌的能量和速度萎缩到一定程度时，行情可能出现大幅反转和见底反转的形势；在多头行情里，股价不断上升，但股价上涨的能量和速度日益萎缩，其萎缩到一定程度时，行情可能出现大幅回档整理或见顶反转的形势。

三、MTM 指标的计算方法

由于各种软件版本的不同，MTM 指标的计算方法有两种。

1. 第一种计算方法

以日 MTM 指标为例，其计算过程如下：

MTM（N日）= C - CN

注释：C = 当日的收盘价；CN = N 日前的收盘价；N 为计算参数，一般起始参数为 6。

2. 第二种计算方法

以日 MTM 指标为例，其计算过程如下：

MTM（N 日）=（C ÷ CN × 100）- 100

注释：C = 当日的收盘价；CN = N 日前的收盘价；N 为计算参数，

一般起始参数为 6。

两种计算方法虽然不同，但二者的意义和研判手段是相同的，都能反映未来股市的发展方向。同时要注意，MTM 指标图上还有另一条 MTM 移动平均线即 MTMMA，以便我们更准确、直观地反映股市真实波动情况。

四、MTM 指标的技术图形

见图 8-1。

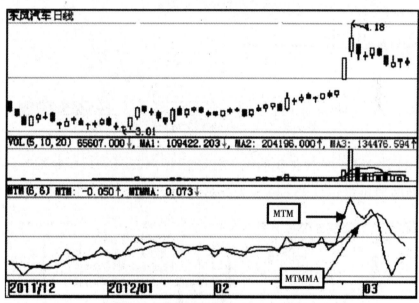

图 8-1　东风汽车(600006)MTM 示意图

第二节　MTM 指标的一般研判标准

以 12 日 MTM 指标为例，0 轴线的参考作用如下：

MTM 曲线以 0 轴线为中心，并且围绕其上下波动。

（1）当 MTM 曲线在 0 轴线上方运行时，表示多头力量弱于空头力量，股价处于上升或者是高价位盘整阶段，如图 8-2 所示。

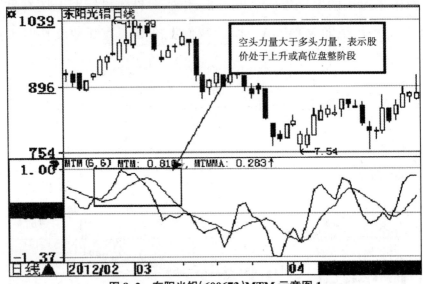

图 8-2　东阳光铝（600673）MTM 示意图 1

（2）当 MTM 曲线在 0 轴线下方运行时，表示多头力量强于空头力量，此时股价也正处于下跌或者是低价位盘整阶段，如图 8-3 所示。

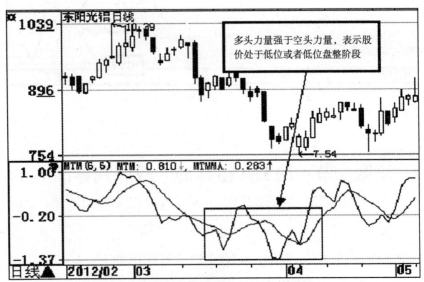

图 8-3　东阳光铝（600673）MTM 示意图 2

（3）当 MTM 曲线从 0 轴线下方向上突破 0 轴线时，这表示股价将加速向上运动，股市多头力量逐渐强大，是买入信号。此时投资者就可以积极买入，如图 8-4 所示。

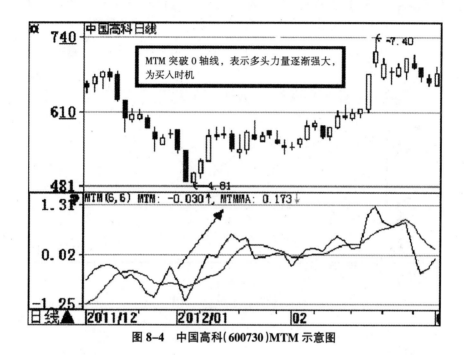

图 8-4　中国高科（600730）MTM 示意图

（4）当 MTM 曲线从 0 轴线上方向下跌破 0 轴线时，这表示股价加快了下跌的速度，股市空头力量逐渐强大，为卖出信号，此时投资者应及时卖出手中中长线股票或持币观望，如图 8-5 所示。

（5）当 MTM 曲线从 0 轴线下方向上运行直至突破 0 轴线后，又向上持续运动了一段时间后，如果这时股价向上攀升的速率开始放缓，则代表股市此时多头力量开始衰竭，投资者应该密切关注股价和 MTM 指标，一旦发现 MTM 曲线掉头向下运行，则应该果断卖出，如图 8-6 所示。

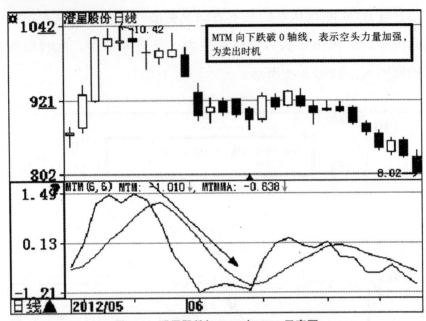

图 8-5　澄星股份(600078)MTM 示意图

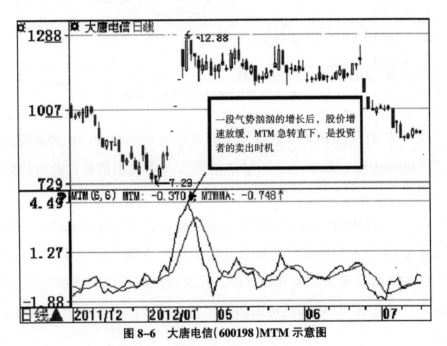

图 8-6　大唐电信(600198)MTM 示意图

（6）当 MTM 曲线从 0 轴线上方向下突破 0 轴线并向下运动较长时间后，若股价向下运动的加速度开始放缓，表明股市空头力量开始衰

竭，此时的 MTM 曲线如果勾头向上，那就是较好的短线买入信号，如图 8-7 所示。

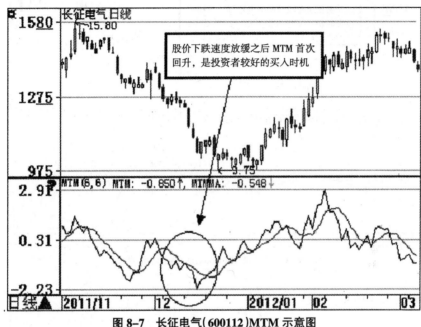

图 8-7　长征电气(600112)MTM 示意图

（7）当 MTM 线向上突破 0 轴线后，如果 MTM 保持不掉头向下，这就表示股价上涨能得到股价向上运动的速度和能量的支撑，这是持股待涨的信号，投资者应持币观望，直到 MTM 线有向下的迹象，如图 8-8 所示。

（8）当 MTM 线向下突破 0 轴线后，如果 MTM 线没有勾头向上，这表明股价向下运动的能量较大，此时投资者最好持币观望，直到预估完全止跌向上，如图 8-9 所示。

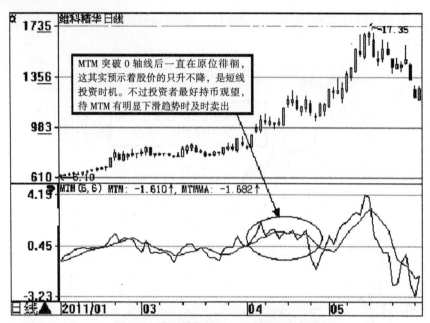

图 8-8　维科精华（600152）MTM 示意图

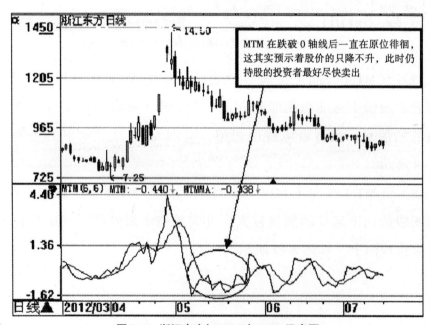

图 8-9　浙江东方（600120）MTM 示意图

第三节　MTM 指标的买卖点

买点 1：MTM 在−1 下方金叉指标均线——金叉日买入

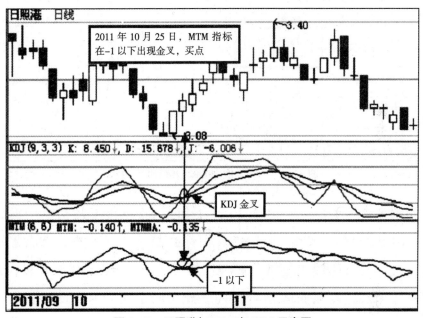

图 8−10　日照港（600017）MTM 示意图

如图 8−10 所示，2011 年 10 月上旬开始，日照港（600017）的股价出现一波下跌的趋势，10 月 24 日，股价才开始稳定，并表现了有上升的行情，之后 10 月 25 日，日照港（600017）的 MTM 指标在−1 下方形成金叉（股价经过一段时间的下跌，MTM 指标开始企稳反转，并成功向上穿过 MTMMA 线，形成了金叉），此时就是买入信号，买点出现后，投资者可以积极买入股票。

买点 2：指标与股价出现底背离——股价走强时买入

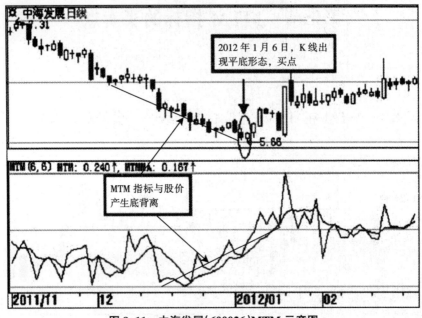

图 8-11 中海发展(600026)MTM 示意图

如图 8-11 所示，2011 年 12 月下旬至 2012 年 1 月初，中海发展（600026）股价创得新低，但 MTM 指标并没有随之下滑，二者形成底背离形态，这表明股市趋势将要发生变化。2012 年 1 月 5~6 日，K 线出现平底形态，这是买入信号，代表此后股票会上升，此时投资者可以积极买入股票。

买点 3：MTM 获得指标均线支撑——MTM 再次上升时买入

如图 8-12 所示，2011 年 6 月中下旬，三一重工（600031）MTM指标低位形成金叉后又下跌，随后又受到指标均线的支撑开始直速上升，是买入的信号，表明买点出现，股价也会有所拉升，此时投资者可买入股票。当 MTM 曲线在股价回调的牵制下没有跌破 MTMMA（指标均线），那么如果此时股价上升，那么后市看涨，此时更可多买进。

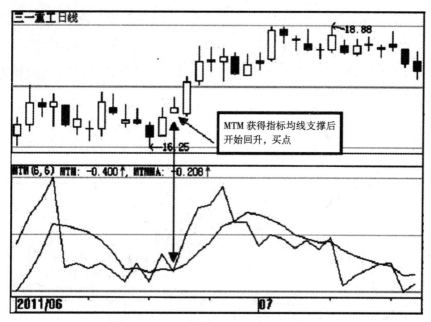

图 8-12 三一重工(600031)MTM 示意图

卖点 1：MTM 在+1 上方出现死叉指标均线——死叉日卖出

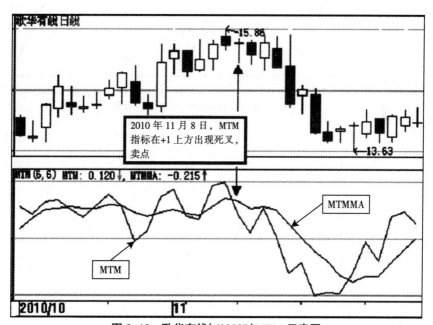

图 8-13 歌华有线(600037)MTM 示意图

如图 8-13 所示，2010 年 11 月 8 日，歌华有线（600037）经过一波艰难上涨之后，其 MTM 指标在高位（+1 以上）形成死叉指标均线，这表明卖点出现，股价开始转为弱势，是卖出的信号，随后股价开始不断走低。

卖点 2：指标与股价出现顶背离——股价走弱时卖出

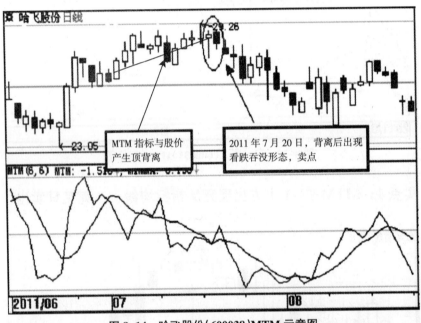

图 8-14　哈飞股份（600038）MTM 示意图

如图 8-14 所示，2011 年 7 月 18 日，哈飞股份（600038）的股价创出新高，但此时 MTM 指标却并没有创出新高，二者形成了顶背离形态，同时哈飞股份（600038）的 K 线形成了看跌吞没的形态，是卖出的信号，表明卖点出现。

卖点 3：MTM 受到指标均线阻力——MTM 再次回落时卖出

如图 8-15 所示，浙江广厦（600052）股价在高位盘整一段时间以后，开始逐渐走弱，11 月 4 日，该股的 MTM 指标在指标均线处受阻，

随后回落，此时卖点出现，为卖出信号。接着 11 月 9 日，该股 MTM
指标又受到均线阻碍回落，形成第二个卖点。

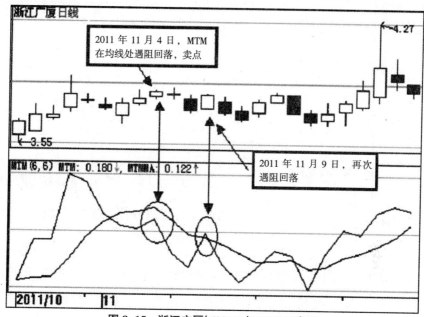

图 8-15　浙江广厦(600052)MTM 示意图

第四节　MTM 指标的特殊分析方法

　　MTM 指标是由 MTM 曲线和 MTMMA 曲线构成的，下面我们以分析
参数为 24 日的 MTM 曲线和同为 24 日参数的 MTMMA 为例，通过分析
MTM 曲线和 MTMMA 曲线的交叉情况研判市场行情。主要分析方法为：

　　（1）当 MTM 曲线和 MTMMA 曲线经过长时间的底部整理后，MTM
曲线开始向上运行，同时 MTMMA 曲线走平或小幅上升，这表明股价
的长期向上运动趋势已经开始形成，股价上涨动力开始增强，此时投
资者可以逢低买入股票，如图 8-16 所示。

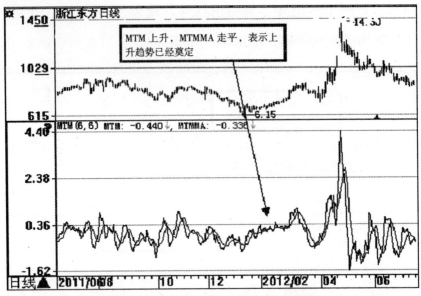

图 8-16 浙江东方(600120)MTM 示意图 1

（2）当 MTM 曲线开始向上突破 MTMMA 曲线时，表明股价的上涨动能已充分具备，股价将会出现上涨的趋势，这时若有成交量的再次确定，那么投资者就可以积极买入股票，如图 8-17 所示。

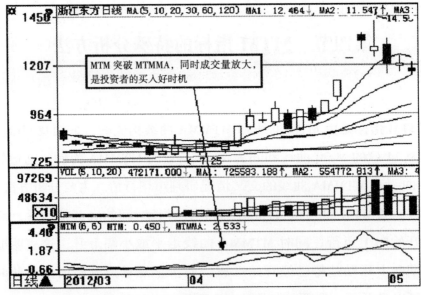

图 8-17 浙江东方(600120)MTM 示意图 2

（3）当 MTM 曲线向上突破 MTMMA 曲线并运行一段时间后，又开始向下回调并靠近或触及 MTMMA 曲线，则表示股价在强势整理。但若 MTM 曲线再度返身向上时，就表示股价的动能将再一次聚集，此时是买入信号，投资者可以持股待涨或是积极买入股票，如图 8-18 所示。

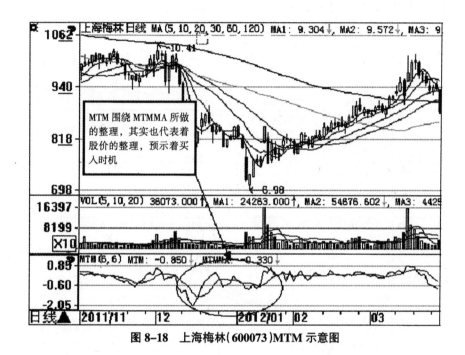

图 8-18　上海梅林（600073）MTM 示意图

（4）当 MTM 曲线和 MTMMA 曲线再度同时向上延伸时，则表示股价仍在积聚动量，这时投资者可以持股等待上涨，如图 8-19 所示。

（5）MTM 曲线和 MTMMA 曲线同时向上运行较长的一段时间后，当 MTM 曲线运行速度超过 MTMMA 并逐渐远离 MTMMA 曲线时，如果 MTM 曲线掉头向下，则表明股价上涨动能不足，股价将会下跌，是卖出的信号，此时投资者应逢高卖出手中股票。当 MTM 曲线从高位向下突破 MTMMA 曲线时，表示股价将不会有上升的趋势，因为这时下降的动能已经开始积聚，股价将要进入下跌的趋势，所以是明显的卖出信号，如图 8-20 所示。

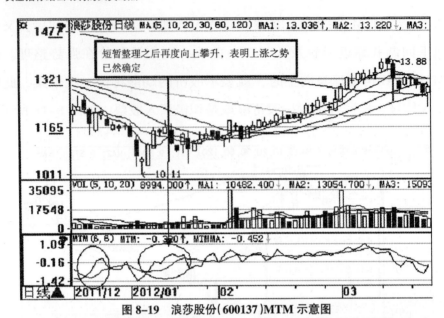

图 8-19　浪莎股份(600137)MTM 示意图

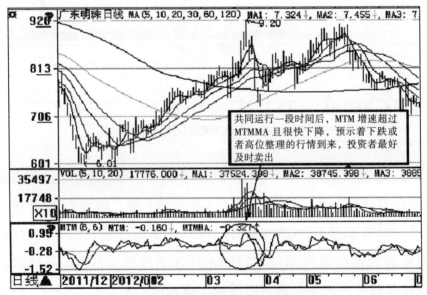

图 8-20　广东明珠(600382)MTM 示意图 1

（6）当 MTM 曲线向下突破 MTMMA 曲线后，同时 MTMMA 曲线也向下掉头运行，则表示股价将面临长期下降的趋势，是卖出的信号，此时投资者应逢高卖出手中股票或是持币观望，如图 8-21 所示。

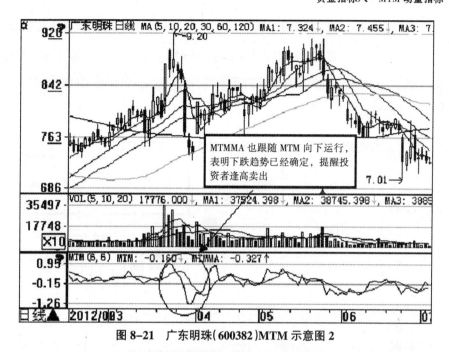

图 8-21　广东明珠(600382)MTM 示意图 2

（7）当 MTM 曲线在 MTMMA 曲线下方一直向下运行时，表明股价弱势的来临，则此时投资者最好持币观望，如图 8-22 所示。

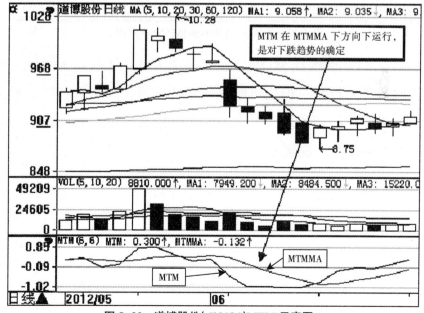

图 8-22　道博股份(600136)MTM 示意图 1

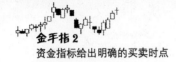

（8）当 MTM 曲线在 MTMMA 曲线下方运行很长一段时间之后又开始逐渐掉头向上，这表明股价下跌动能减弱，此时股价属于弱势整理期间，那么投资者不要轻易进行操作行为，应继续观察市场未来走向，如图 8-23 所示。

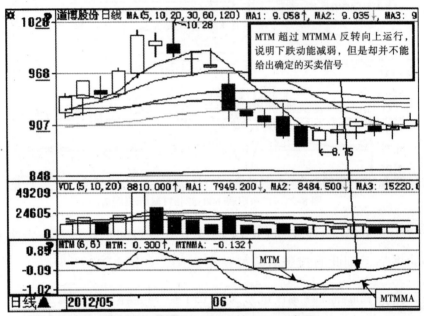

图 8-23　道博股份（600136）MTM 示意图 2

（9）当 MTM 曲线在 MTMMA 曲线下方开始向上突破 MTMMA 曲线时表明股价开始反弹，但这可能是短线的反弹，投资者可以少量买入股票。如果股市行情再度向下，及时卖出股票，之后观察行情，等待上涨时机来临再买进股票。

小　结

（1）MTM 指标以 0 轴线为中心线。MTM 曲线主要以 0 轴线为中心，围绕其上下波动。

（2）当 MTM 曲线在 0 轴线上方时，为买入的信号。

（3）当 MTM 曲线在 0 轴线下方时，为卖出的信号。

（4）当 MTM 曲线从 0 轴线下方开始向上运行直至突破 0 轴线时，视为买进的信号；当 MTM 曲线从 0 轴线上方开始向下运行直至突破 0 轴线时，视为卖出的信号。

（5）当 MTM 曲线与股价曲线从低位同步上升，为买入的信号。

（6）当 MTM 曲线与股价曲线从高位同步下降，为卖出的信号。

（7）当 MTM 曲线在高位形成 M 头或三重顶等高位反转形态时，为卖出的信号。

（8）当 MTM 曲线在低位形成 W 低或三重低等低位反转形态时，为买入的信号。

（9）经过一段时间的整理后，MTM 曲线开始向上运行，MTMMA曲线也同时走平或小幅上升，一般为买进信号。

（10）当 MTM 曲线开始向上突破 MTMMA 曲线时，是买入的信号。

资金指标九　ROC 变动率指标

ROC 指标，英文全称为 Rate of Chang，即变动率指标，由拉尔德·普尔和费雷德·希勒两人在《股市交易系统》一书中共同提出。该指标运用物理学中加速度的原理，通过应用价格的变动来测量股价移动的动量，衡量多空双方买卖力量的强弱，从而达到分析预测股价趋势以及是否有转势意愿的目的。所以，ROC 指标是一种重点研究股价变动动力大小的中短期技术分析工具。

ROC 指标可对几个涨跌力量的强弱进行测量，因而当价格走势出现反转时，ROC 指标会提前发出信号，即在趋势形成当中ROC 指标会出现超卖或超买的信号，具有一般指标所没有的预测能力，这是ROC 指标优于其他指标之处，也是 ROC 指标的重要功能。在实际操作中，ROC 指标能够更好地帮助投资者对市场行情进行准确的研判。

本章我们就对 ROC 指标的具体内容进行详细介绍，以帮助投资者对股市行情有更深刻的了解和判断。

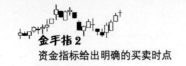
第一节　ROC 指标简介

一、什么是 ROC 指标

ROC 指标是一种重点研究股价变动动力大小的中短期技术分析工具。其英文全称为 Rate of Chang，即变动率指标，它综合了 RSI、WR、KDJ、CCI 四种指标的特性，可以同时监视常态性和极端性两种行情。ROC 是由拉尔德·普尔和费雷德·希勒两人在《股市交易系统》一书中共同提出的。

二、ROC 指标的构成原理

ROC 指标是以当前周期的收盘价和 N 个周期前的收盘价来进行比较，通过计算股价在某一时间内收盘价变动的速率，从而反映股票市场变动快慢程度的一种技术分析工具。ROC 指标运用了物理学中加速度的原理，通过应用价格的变动来测量股价移动的动量，衡量多空双方买卖力量的强弱，从而达到分析预测股价趋势以及是否有转势意愿的目的。

此外，ROC 指标还有研判超买超卖行情的功能。当 ROC 上升到非常高的位置时，指标处于超买水平，对投资者来说为卖出信号；而 ROC 下降到非常低的位置时，指标处于超卖水平，对投资者来说就是买入信号。

通常情况下，对于 ROC 指标超买超卖的研判技巧，一般将其波动区间设置在 ±6.5 之间。但对于不同的股票各自有不同的特点，因而不

能一概而论。在实际操作过程中，应该用新 ROC 指标带来的新的应用技巧对其超买超卖行情进行研判。

三、ROC 指标的计算方法

根据选用的计算周期的不同，ROC 指标包括日 ROC 指标、周 ROC 指标、月 ROC 指标、年 ROC 指标以及分钟 ROC 指标等几种不同的类型。其中最常用于股市研判的是日 ROC 指标和周 ROC 指标。这些指标在计算时，只是取值有所不同，基本的计算方法都是一样的。下面就以日 ROC 指标为例来看 ROC 指标的计算方法。

ROC 指标有两种计算方法。

第一种计算方法：

$$ROC = [C(I) - C(I-N)] \div C(I-N) \times 100\%$$

C(I)为当日收盘价；C(I–N)为 N 日前的收盘价；N 为计算参数。

第二种计算方法：

$$ROC(N 日) = AX \div BX$$

AX 为今日的收盘价 – N 日前的收盘价；BX 为 N 日前的收盘价；N 为计算参数。

其中，日 ROC 指标原始参数为 10 日。

虽然以上两种计算方式不同，但其计算的结果是相同的。

四、ROC 指标的技术图形

见图 9-1。

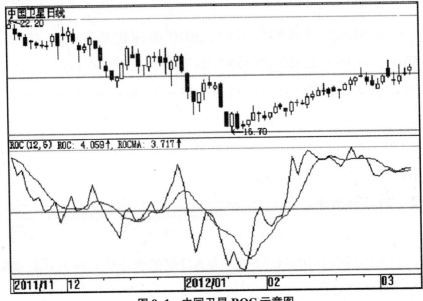

图 9-1 中国卫星 ROC 示意图

第二节 ROC 指标的应用原则

ROC 指标的一般研判标准主要是从多空力量对比、超买超卖、与股价同步以及与股价背离的研判技巧等方面来进行分析的。下面我们就从这几方面对 ROC 指标的应用原则进行分析。

一、ROC 多空力量对比的强弱

（1）当 ROC 向上突破 0 轴线时，是买入信号。ROC 进入强势区域，表示多方力量强盛，如图 9-2 所示。

ROC 突破 0 轴线，为买入信号

图 9-2　民丰特纸(600235)ROC 示意图

（2）当 ROC 向下跌破 0 轴线时，是卖出信号。ROC 进入弱势区域，表示空方力量强盛，做空动力强大，如图 9-3 所示。

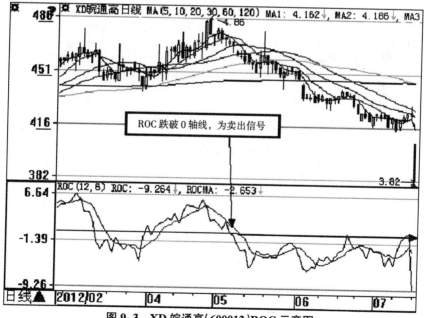

ROC 跌破 0 轴线，为卖出信号

图 9-3　XD 皖通高(600012)ROC 示意图

二、ROC 的超买超卖研判技巧

（1）当 ROC 上升到非常高（这里的高并没有统一值，常根据该个股历史一般水平判断，越偏离 0 轴线向上越高）的位置时，指标处于超买水平，此时产生卖出信号，如图 9-4 所示。

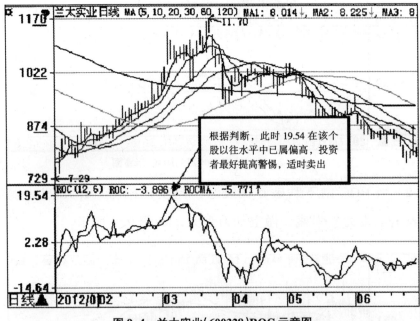

图 9-4 兰太实业（600328）ROC 示意图

（2）当 ROC 下降到非常低的（这里的低并没有统一值，常根据该个股历史一般水平判断，越偏离 0 轴线向下越低）位置时，指标处于超卖水平，此时产生买入信号，如图 9-5 所示。

三、ROC 与股价同步研判技巧

（1）当 ROC 与股价从低位同步向上攀升，股价短期会有继续上涨趋势，代表短线买入机会，如图 9-6 所示。

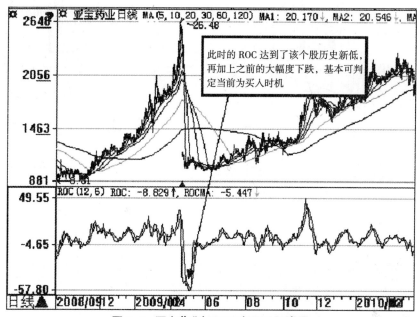

此时的 ROC 达到了该个股历史新低，再加上之前的大幅度下跌，基本可判定当前为买入时机

图 9-5 亚宝药业(600351)ROC 示意图

股价与 ROC 同步攀升，表示短线买入机会

图 9-6 建发股份（600153）ROC 示意图

（2）当 ROC 与股价从高位同时向下降落，股价短期会呈继续下跌的趋势，代表短线卖出时机，如图 9-7 所示。

图 9-7 啤酒花(600090)ROC 示意图

四、ROC 与股价背离研判技巧

（1）当股价在一段较长时间的上涨过程中创出新高，而 ROC 却没有与之配合创出新高，出现顶背离，表示上涨动能减弱，头部即将形成，如图 9-8 所示。

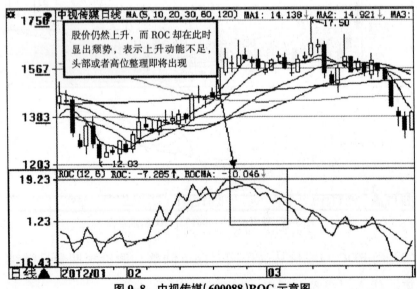

图 9-8 中视传媒(600088)ROC 示意图

（2）当股价在一段较长时间的下跌过程中创出新低，而 ROC 却没有与之配合创出新低，出现底背离，表示下跌动能减弱，底部即将形成，如图 9-9 所示。

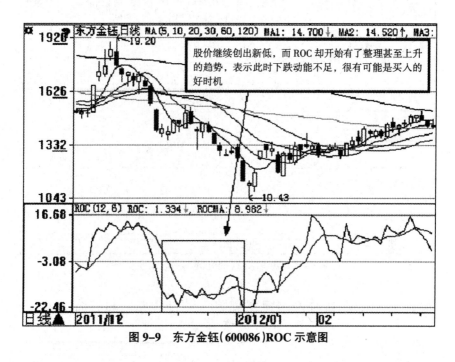

图 9-9 东方金钰（600086）ROC 示意图

第三节　ROC 指标的买卖点

买点 1：向上突破 0 值——突破时买入

如图 9-10 所示，2011 年 11~12 月，浦发银行（600000）在经过一段时间的下跌后，股价出现阶段性见底，而后开始回升。2011 年 12 月 16 日该股的 ROC 指标为 1.421，升至 0 值上方，由负变正。这表明当天的收盘价已经超过了 12 个交易日前的收盘价，预示股市走强，是买入信号。投资者可在此买点出现时进行买入操作。

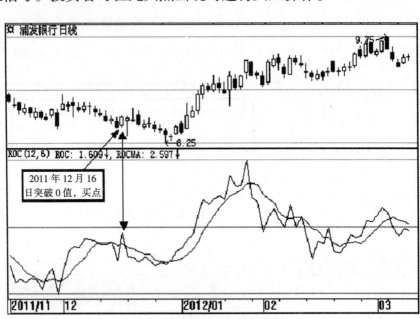

图 9-10　浦发银行（600000）ROC 示意图

买点 2：ROC 与股价出现底背离——股价开始回升时买入

图 9-11　方正证券（601901）ROC 示意图

　　如图 9-11 所示，2011 年 11~12 月，方正证券（601901）的股价接连创出新低，出现阶段性见底。但 ROC 指标却没有与之配合创出新低，因而形成了底背离。这说明股价的跌势趋缓。2012 年 12 月 22 日，股价开始回升，这是买入信号。投资者可把握此买点进行买入操作，因为后市将会出现一波比较可观的升势。

买点 3：ROC 与指标均线在-20 处（或下方）金叉——金叉日买入

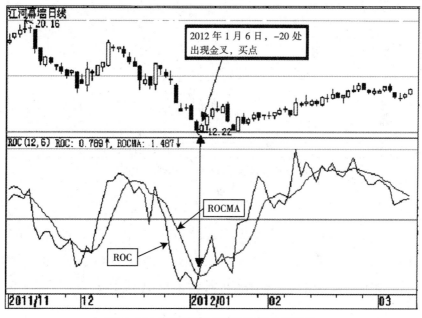

图 9-12　江河幕墙(601886)ROC 示意图

　　如图 9-12 所示，自 2011 年 11 月下旬开始，江河幕墙（601886）的股价开始震荡下跌。该股的 ROC 指标也不断下跌，在 2012 年 1 月 6 日，ROC 指标为-22.168，跌破-20。这表明股价出现超跌现象，股价随时会出现回升。2012 年 1 月 6 日，ROC 指标不仅跌破-20，而且自下而上穿越指标均线，出现了金叉，此处便是买点。投资者可在金叉出现日进行买入操作。

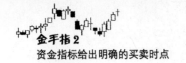

卖点 1：ROC 向下跌破 0 值——跌破时卖出

图 9-13　日照港(600017)ROC 示意图

如图 9-13 所示，2011 年 10 月下旬至 11 月上旬，日照港（600017）的股价经过一段时间的上涨后，开始回落。而且，ROC 指标也逐步下降。2011 年 11 月 18 日，ROC 指标为-3.067，向下跌破 0 值，由正变负。这表明，当天的收盘价已经跌破了 12 个交易日前的收盘价，股价走势变弱，是卖出信号。投资者可在跌破时进行卖出操作。

卖点 2：ROC 与股价出现顶背离——股价开始下跌时卖出

如图 9-14 所示，歌华有线（600037）在一段上涨行情中，股价创出新高，但 ROC 指标并没有与之配合创出新高，形成顶背离。这表明股价的涨势已经趋缓，上升动能不足。2011 年 11 月 16 日，股价开始下跌，此处可看做是卖出信号。投资者见此形态，应尽快进行卖出操作，将手中的股票卖出，避免被套牢。

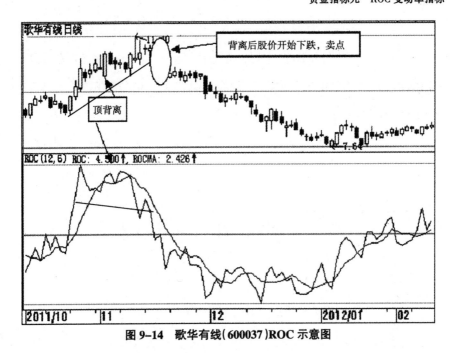

图 9-14　歌华有线(600037)ROC 示意图

卖点 3: ROC 与指标均线在 20 处（或上方）死叉——死叉日卖出

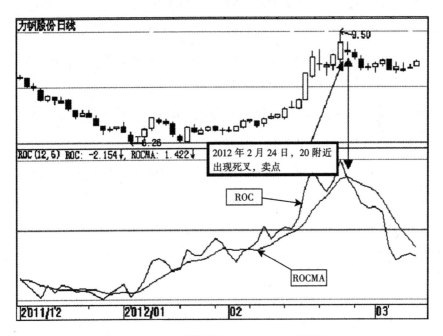

图 9-15　力帆股份(601777)ROC 示意图

如图 9-15 所示，力帆股份（601777）的股价出现了较长一段时间的上涨。同时，该股的 ROC 指标也上涨至 20 上方，并且持续了一段时间。2012 年 2 月 24 日，ROC 指标为 28.121，并且在 20 上方与指标均线出现了死叉。这说明股价出现了超买现象，随时都可能回落。此处便是一个卖点。投资者可把握此处出现的卖出时机进行卖出操作。

第四节　ROC 曲线的分析方法

在我国，大智慧这款股市分析软件受到很多股民的欢迎，他们都比较喜欢使用这款分析软件。ROC 指标在这种软件上，表现出与其他股市分析软件不同的界面和使用方法。在大智慧炒股软件中，通常将参数设为 12 和 6。当天的 ROC 指标数值是当天的收盘价与 12 个交易日前的收盘价的比值。同时，算出个股 6 日的简单平均线，作为 6 日均线。为了方便读者在实战中运用这款软件，我们将对其进行简要的分析。

如图 9-16 所示，在大智慧软件中，ROC 指标由一条指标线和一条指标均线组成。其中，除了 ROC 指标线，ROCMA 线代表 ROC 指标的 6 日均线。两条指标线与股价配合使用，可以更好地把握买卖时机，方便投资者对市场行情的研判。

大智慧软件上 ROC 指标买进信号有：

（1）当 ROC 向上突破 0 轴线时，表示多方力量强盛，是买入信号。投资者可在向上突破日进行买入操作。

（2）当 ROC 指标与指标均线在-20 处（或下方）出现金叉时，是买入信号。投资者可在金叉出现日进行买入操作。

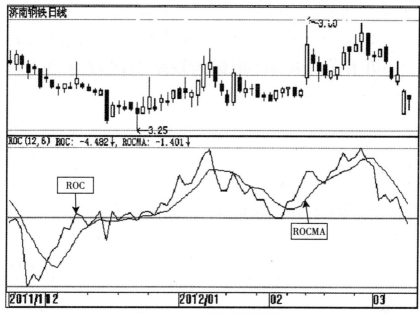

图 9-16　ROC 指标的技术图形

（3）当股价在一段较长时间的下跌过程中创出新低，而 ROC 却没有与之配合创出新低，出现底背离，表示下跌动能减弱，底部即将形成，是买入信号。投资者可在股价开始回升时进行买入操作。

大智慧软件上 ROC 指标卖出信号有：

（1）当 ROC 向下跌破 0 轴线时，表示空方力量强盛，做空动力强大，是卖出信号。投资者可在跌破日进行卖出操作。

（2）当 ROC 与指标均线在 20 处（或上方）出现死叉时，是卖出信号。投资者可在死叉出现日进行卖出操作。

（3）当股价在一段较长时间的上涨过程中创出新高，而 ROC 却没有与之配合创出新高，出现顶背离，表示上涨动能减弱，头部即将形成，是卖出信号。投资者可在股价开始下跌时进行卖出操作。

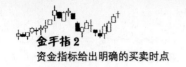

第五节　ROC 指标的缺陷和注意事项

一、ROC 指标的缺陷

任何指标都会有缺陷，ROC 指标也不例外。ROC 指标的缺陷主要有以下几方面：

（1）ROC 指标过于敏感。表现在技术图形上，它的波动幅度和速率都很大。

（2）每只个股的股价波动速率、特性都不一样，所以其超买、超卖的极限值也都各有不同；由于操作周期的不同，因而决定了确定超买、超卖的极限值也会各有不同；行情的变化，是属于较大波段行情，还是短线脉冲行情等。这些对于 ROC 指标超买超卖极限值的设定也是各有不同。

（3）ROC 指标是一种重点研究股价变动动力大小的中短期技术分析工具，不适宜对长期走势进行预测。

（4）由于 ROC 指标可对几个涨跌力量的强弱进行测量，因而当价格走势出现反转时，ROC 指标会提前发出信号，即在趋势形成当中 ROC 指标会出现超卖或超买的信号，具有一般指标所没有的预测能力，这是 ROC 指标优于其他指标之处。但在趋势形成中，该指标有时会过早出现这些超买或超卖信号，它的优点也会变成缺陷。所以关键是如何改进，扬长避短，既发挥 ROC 指标的预测功能，又减少该指标误报的概率。

二、ROC 指标的注意事项

（1）ROC 指标的 0 轴，表示 12 个交易日前的收盘价。

（2）不同的股票，其 ROC 指标的超买超卖标准也各有不同。投资者可以通过个股的历史走势来分析寻找该股 ROC 指标的超买超卖标准。

（3）从 ROC 指标的计算方法中可以看出，ROC 指标是通过当天收盘价与 12 日前的收盘价来进行对比，从而考察当前股价的超买超卖程度。投资者为了把握具体的买卖时机，以获得收益，因而需要将 ROC 指标的超买超卖与其他技术分析指标结合起来，以更好地掌握信息。

（4）ROC 指标有指标均线，这就使得"股价与均线"的买卖点也适用于 ROC 指标和其他的指标。

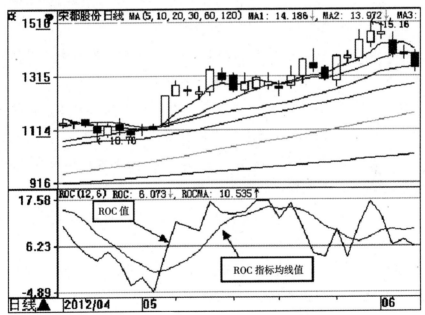

图 9-17　宋都股份(600077)ROC 示意图

小　结

（1）当 ROC 上升到非常高的位置时，指标处于超买水平，即视为卖出信号。

（2）当 ROC 下降到非常低的位置时，指标处于超卖水平，即视为买入信号。

（3）当 ROC 与股价从低位同步上升，表示股价短期会有继续上涨趋势或者有望见底反弹。

（4）当 ROC 与股价从高位同时下降，表示股价短期会继续下跌，投资者应提高警惕，适时卖出。

（5）当 ROC 向上突破 0 轴线时，表示多方力量强盛，是买入信号。投资者可在向上突破日进行买入操作。

（6）当 ROC 向下跌破 0 轴线时，表示空方力量强盛，做空动力强大，是卖出信号。投资者可在跌破日进行卖出操作。

（7）当 ROC 指标与指标均线在-20 处（或下方）出现金叉时，投资者可在金叉出现日进行买入操作。

（8）当 ROC 与指标均线在 20 处（或上方）出现死叉时，投资者可在死叉出现日进行卖出操作。

（9）当股价在一段较长时间的上涨过程中创出新高，而 ROC 却没有与之配合创出新高，出现顶背离，表示上涨动能减弱，头部即将形成。投资者可在股价开始下跌时进行卖出操作。

（10）当股价在一段较长时间的下跌过程中创出新低，而 ROC 却没有与之配合创出新低，出现底背离，表示下跌动能减弱，底部即将形成。投资者可在股价开始回升时进行买入操作。

资金指标十　ARBR 人气意愿指标

ARBR 指标即人气意愿指标，是由人气指标（AR）和意愿指标（BR）两个指标构成的。AR 指标、BR 指标分别从不同角度对股价进行分析，二者又都是以分析历史股价为手段的技术指标。AR 主要根据当天的最高价或最低价差价的百分比来分析市场买卖的人气；BR 主要根据当日的最高价、最低价分别与前一日的收盘价的价差的总和的百分比来分析市场买卖意愿的强弱。虽然二者的指向不同，但两个指标同时使用，对研判市场人气以及追踪股市未来走向大有帮助，为投资者提供买卖时机，从而保障投资者的利益。

第一节　ARBR 指标简介

一、什么是 ARBR 指标

ARBR 指标也叫人气意愿指标，它是由人气指标 AR 和意愿指标 BR 构成的。

AR 指标又叫买卖气势指标，是指以当天的开盘价为基础，之后与

当天的最高价或最低价比较，按照固定公式计算出来的强弱指标。

BR 指标则是通过反映昨日收盘价与今日最高价和最低价之间的强弱走势，来综合反映股指意愿的一种技术分析工具。

二、ARBR 指标的构成原理

市场中，供求双方买卖气势和多空双方力量的对比造就了股价走势的变动，股票市场每一天都在上演着多空双方力量的比较。全面、真实地反映多空双方在某一段时期或每一个交易日的对比，关系着投资者的切身利益。

在某一段时期或一个交易日，由于多空双方的优劣势都在变化，所以彼此都有可能在某一刻占据上风。当一定时间内多方力量占上风时，股价将不断上升；当某一时间段空方力量占上风，那么股价将不断下降。当市场多方力量大时，这时卖方气势减弱，而买方气势就会较强；当市场上空方力量大时，这时买方气势减弱，而卖方力量比较强。

AR 指标反映了市场当前情况下多空双方力量发展对比的结果；BR 指标则反映当前情况下多空双方力量斗争的结果。在股票市场中，多空双方的斗争是从某一个均衡价位区（或基点）开始的。

ARBR 也有自己的基点。当股价在某一均衡价位区即基点上方时，表明多方力量占优势；当股价在这个基点下方时，则表明空方力量占优势。随着市场的不断发展，股价可能会或向上或向下偏离这一基点，而当股价偏离的越大，表明其力量越大；当股价偏离的越小，表明其力量越小。所以，找到一个平衡价位区即基点，利用股票各种价格之间的关系，能更好地研判多空双方的力量变化。

ARBR 指标就是通过分析股票的开盘价、收盘价、最高价和最低价之间的关系来判断多空双方力量的对比，更好地预示股市行情未来

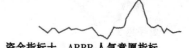

走势。其中，AR 指标是以当天的开盘价作为基点，与当天最高价相比较，然后按照固定公式便可计算出强弱的指标；而 BR 指标是以前一日的收盘价作为基础，与当日的最高价、最低价作比较，然后按照固定公式计算出来的强弱指标。

三、ARBR 的计算方法

1. AR 计算公式

（H－O）26 天之和

AR＝（O－L）26 天之和

注释：H 为当天之最高价；L 为当天之最低价；O 为当天之开盘价。

2. BR 计算公式

（H－PC）26 天之和

BR＝（PC－L）26 天之和

注释：H 为当天之最高价；L 为当天之最低价；PC 为昨天之收盘价。

（1）BR 指标介于 70~150 属于盘整行情。

（2）BR 值高于 300 以上时，需注意股价的回档行情。

（3）BR 值低于 50 以下时，需注意股价的反弹行情。

（4）一般 AR 可以单独使用，而 BR 却需与 AR 并用才能发挥其效用。

（5）AR、BR 急速上升，意谓距价高峰已近，持股应获利了结。

（6）若 BR 比 AR 低时，可逢低价买进。

（7）BR 从高价跌幅达 1/2 时，就要趁低价买进。

（8）BR 急速上升，而 AR 盘整或小幅回落时，应逢高出货。

四、ARBR 的技术图形

见图 10-1。

图 10-1　浙江富润(600070)ARBR 示意图

第二节　ARBR 的一般研判标准

ARBR 指标研判包括 AR 指标、BR 指标的单独研判和 AR 指标、BR 指标相结合的研判。

一、AR 指标的单独研判

（1）AR = 100 为强弱买卖气势的均衡状态，AR 值在 20 上下之间浮动。一般认为：当 AR 值在 80~120 时，表明股价走势平稳，而且这属于整盘行情，其间不会出现大幅上升或是下降，如图 10-2 所示。

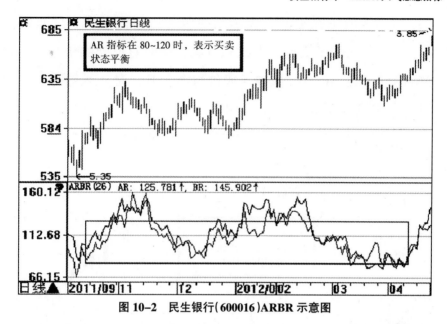

图 10-2　民生银行(600016)ARBR 示意图

（2）当前股市行情活跃并且人气旺盛时，表明此时 AR 值走高，当 AR 值过高时就代表了卖出信号。在实际走势中，一般而言，当 AR 值大于 180 时，代表了股价可能将下跌回落，是卖出的信号，投资者应及时卖出股票，如图 10-3 所示。

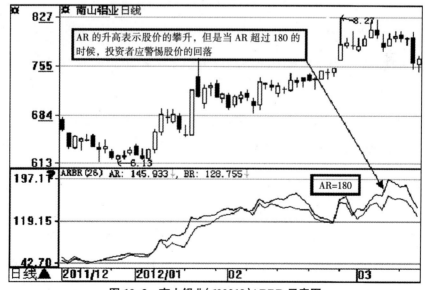

图 10-3　南山铝业(600219)ARBR 示意图

（3）当 AR 值正在走低，表示当前股市行情低迷，人气衰退。当 AR 值过低时则代表了股价已经跌入谷底，随时有反弹的机会。一般而言，当 AR 值小于 40 时，代表了股价将会回升，是买入信号，此时投资者可以考虑逢低买进，如图 10-4 所示。

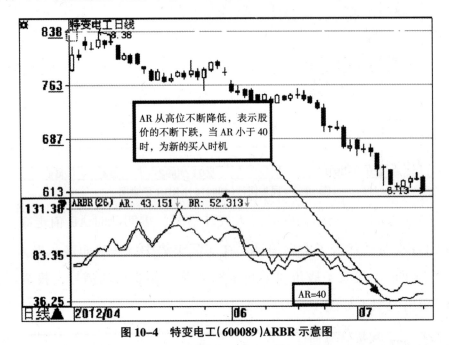

图 10-4　特变电工（600089）ARBR 示意图

（4）AR 指标有领先股价到峰顶和谷底的作用，这就为投资者提供了预防的准备。当 AR 到达顶峰并回头时，若此时股价还在上涨，此时投资者就应卖出手中股票，如图 10-5 所示。

当 AR 到达低谷后再回头向上时，若股价还在不断下跌，此时投资者就应逢低买入股票，如图 10-6 所示。

二、BR 指标的单独研判

（1）BR 值在 100 位置时也表示买卖意愿的强弱呈现平衡状态。

（2）BR 值波动比 AR 值较为敏感。当 BR 值在 70~150 来回波动时，表示股市在行情盘整，投资者此时最好持币观望。如图 10-7 所示。

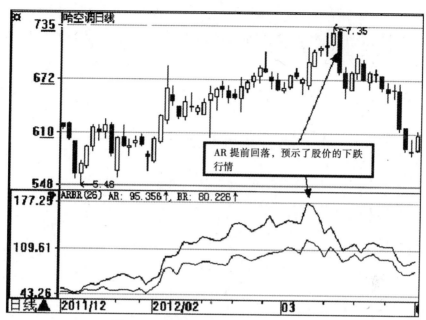

图 10—5 哈空调(600202)ARBR 示意图

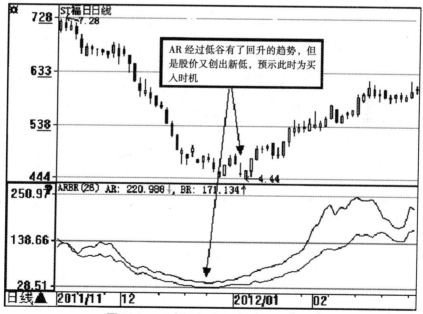

图 10—6 ST 福日(600203)ARBR 示意图

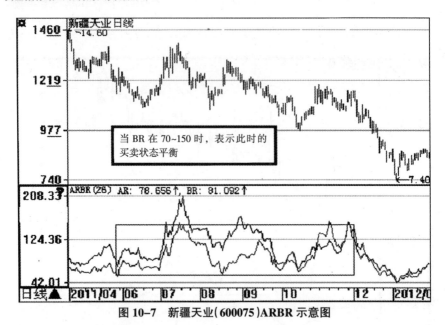

当 BR 在 70~150 时，表示此时的
买卖状态平衡

图 10-7　新疆天业（600075）ARBR 示意图

（3）当 BR 值大于 300（有的炒股软件设定为 400）时，预示着股
价有可能下跌，同时股价进入了高价区，这时投资者就应选择时机抛
售手中股票，如图 10-8 所示。

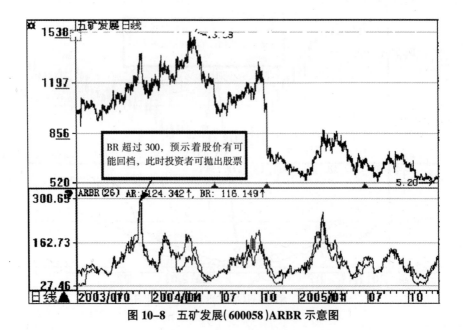

BR 超过 300，预示着股价有可
能回档，此时投资者可抛出股票

图 10-8　五矿发展（600058）ARBR 示意图

（4）当 BR 值小于 40（有的炒股软件设定为 30）时，此时股价已经严重下跌，预示着股价已经接近底部位置，而且随时可能发生反弹向上的可能，投资者应看准机会买进股票，如图 10-9 所示。

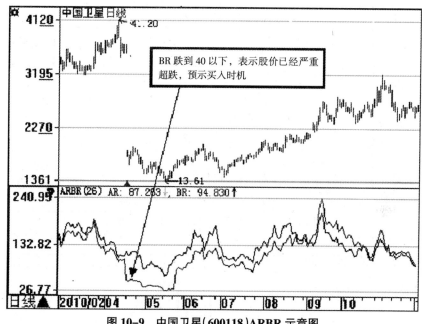

BR跌到40以下，表示股价已经严重超跌，预示买入时机

图 10-9　中国卫星(600118)ARBR 示意图

三、AR 指标、BR 指标的配合使用

（1）一般而言，BR 必须与 AR 结合使用才能发挥其作用，但 AR 可以单独使用。

（2）当 AR 和 BR 同时从低位向上拉动，代表了多头力量占据优势，市场人气也在不断积聚，股价也随之上涨，此时投资者就可及时地买入股票或者是持币待涨，如图 10-10 所示。

（3）当 AR 和 BR 同步从底部上涨一段时间之后，到达一定高位后不再上涨反而开始掉头向下运行，一般表明股价已经升到顶部不能再涨，此时投资者要注意及时卖出手中股票获利了结，如图 10-11 所示。

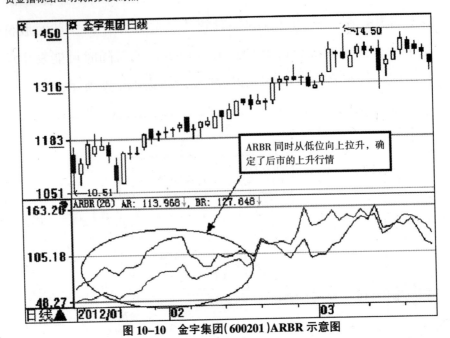

图 10-10　金宇集团(600201)ARBR 示意图

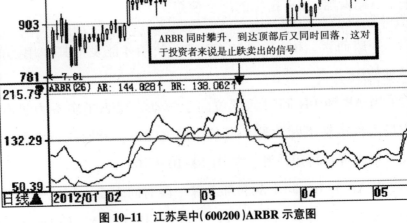

图 10-11　江苏吴中(600200)ARBR 示意图

第三节 ARBR 的买卖点

买点 1：AR 低于 50——指标回升并突破 50 时买入

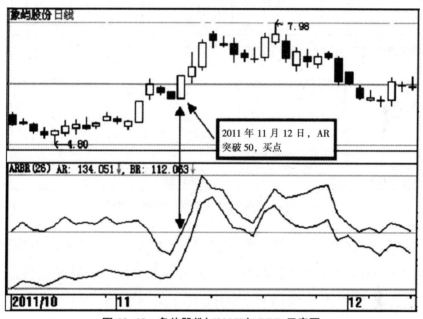

图 10-12 象屿股份（600057）ARBR 示意图

如图 10-12 所示，2011 年 11 月初，象屿股份（600057）的 AR 指标跌破 50，此时市场进入了超卖的状态，是买入的信号。11 月 12 日，AR 指标向上突破 50，这表明多方力量开始放大，空方力量减弱，所以这天开盘时投资者可以积极买入股票。

买点 2：AR 与股价低位底背离——股价回升逐步入场

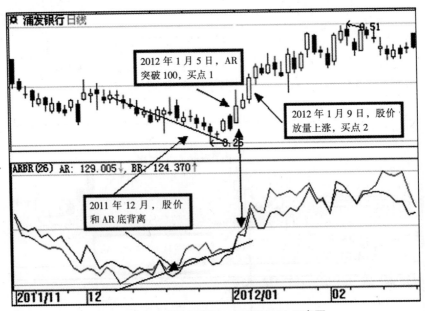

图 10-13　浦发银行(600000)ARBR 示意图

如图 10-13 所示，2011 年 12 月，浦发银行（600000）的股价与 AR 指标在底部形成底背离形态，这表明空方力量开始减弱，多方力量在增加，是看涨买入的信号。2012 年 1 月 5 日，AR 指标向上突破 100，这表示股价开始上涨，投资者可以先买些股票建仓。1 月 9 日，股价明显开始放量上涨，此时投资者可以大胆买入股票。

买点 3：BR 在 100 下方向上穿越 AR——穿越日买入

如图 10-14 所示，2011 年 7 月 4 日，白云机场（600004）的 BR 在 100 位置处向上突破 AR，此形态说明股价正在上涨，成交量逐渐放大，是买入信号，投资者可以积极买入股票。

图 10-14 白云机场(600004)ARBR 示意图

卖点 1:AR 高于 200——指标回落并跌破 200 时卖出

图 10-15 黄山旅游(600054)ARBR 示意图

如图 10-15 所示，2011 年 11 月 4 日，黄山旅游（600054）的 AR
指标线突破 200，表示未来市场股价还有上涨的空间，但空间有限，
此时已经是看跌卖出的特征。11 月 30 日，AR 线向下跌破 200，此时
股市下跌形势已经明显，投资者应及时出售手中的股票。

卖点 2：AR 与股价顶背离——股价回落时逐步卖出

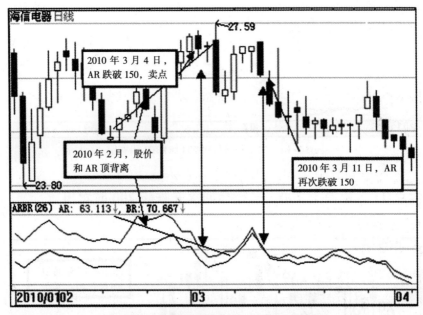

图 10-16　海信电器（600060）ARBR 示意图

如图 10-16 所示，2010 年 2 月底，海信电器（600060）的股价和
AR 指标形成顶部背离形态组合，AR 指标也逐渐向下最后突破 150，
这表明空方力量增强，多方力量减弱，为看跌卖出信号。3 月 4 日，
AR 跌破 150，投资者可以先卖出一部分股票，等待观望后市发展。3
月 11 日，AR 虽然有所回转但之后又跌破 150，此时股市下跌已明显，
投资者应及时出售手中股票。

第四节　ARBR 的缺陷及注意事项

一、ARBR 的缺陷

ARBR 指标能够反映股票交易过程中的人气变化情况，与股价的波动也有较好的对应。但是其缺陷主要在于该指标没有准确的数值依据，不够精确，感性要多于理性。因而，在实际操作过程中使用 ARBR 指标时，应该与其他的技术分析指标结合起来，多关注基本面分析、成交量的变化等，多方面结合。不仅仅是让投资者在感情上接受，更应增加理性的分析，以弥补 ARBR 指标的不足之处。

二、ARBR 的注意事项

（1）在 ARBR 指标中，AR 指标曲线主要是对当前市场上买卖力量的对比进行分析，而 BR 指标曲线则主要是针对投资者对未来行情强弱的判断进行分析的。从这一点来讲，BR 可以看成是 AR 的先行指标。

（2）在一般的情况下，AR 指标可以单独使用，但是 BR 指标则要与 AR 指标并用才能发挥其效用。

（3）根据 ARBR 指标，投资者可以对短期的股价波动，特别是在长期下跌行情中短线抢反弹期间进行研判。但是投资者如果想要对股价长期的顶部和底部进行判断，则需要使用周线或者月线级别的 ARBR 指标。

小 结

（1）当 BR 指标数值在 70~150 时，属于盘整行情；当 BR 指标数值大于 300 时，应当注意股价回档的行情；当 BR 指标数值小于 50 时，应当注意股价的反弹行情。

（2）当 AR 指标数值小于 50 时，表明市场进入了超卖状态，是看涨买入信号。投资者可在指标回升并突破 50 时，进行买入操作。

（3）当股价连续创下新低，而 AR 却没有与之配合创出新低时，股价与 AR 指标形成底背离，表明空方力量逐渐减弱，是看涨买入信号。投资者可在股价回升时，逐步进场进行买入操作。

（4）当 BR 在 100 下方向上穿越 AR 时，表明股价加速上涨，是看涨买入信号。投资者在穿越日进行买入操作。

（5）当 AR 指标数值大于 200 时，表明市场进入了超买状态，是看跌卖出信号。投资者可在指标回落并跌破 200 时进行卖出操作。

（6）当股价连续创下新高，而 AR 却没有与之配合创出新高时，股价与 AR 指标形成顶背离，表明多方力量强势到极致后开始衰退，是看跌卖出信号。投资者可在股价回落时进行卖出操作。

（7）当出现 BR 指标低于 AR 指标的情况时，投资者可逢低买进。

（8）当出现 AR、BR 急速上升的情况时，表明已经接近股价高峰，投资者应获利了结。

（9）当出现 BR 急速上升，而 AR 盘整或者有小幅回落的情况时，投资者应逢高出货。

（10）当出现 BR 指标向上突破 AR 指标的情况时，表明股价开始加速上涨。如果该形态出现在 100 下方，说明是看涨买入信号。